AF625065

Edition Paashaas Verlag

EPV

Autor: Dieter Kleffner
Originalausgabe April 2019
Cover designed by Michael Frädrich

www.verlag-epv.de

ISBN: 978-3-96174-037-6

Die Deutsche Nationalbibliothek verzeichnet diese Publikation in der Deutschen Nationalbibliografie; detaillierte bibliografische Daten sind im Internet über http://dnb.d-nb.de abrufbar.

Blind!

Freundschaft mit der Dunkelheit

Betrachtungen des blinden Autors

Dieter Kleffner

MIX

Papier aus verantwortungsvollen Quellen
Paper from responsible sources

FSC® C105338

Für BLAutor,

den Arbeitskreis sehbehinderter und blinder Poeten
und Schriftsteller,
dem ich freundschaftlich verbunden bin

Prolog

Die Erde dreht sich in vierundzwanzig Stunden einmal um sich selbst. Dabei rotiert sie so um ihre eigene Achse, dass eine Hälfte ihrer Oberfläche mal dem Licht der Sonne ausgesetzt und mal abgewandt ist. Licht und Helligkeit gehören dem Tag, Lichtlosigkeit und Dunkelheit bestimmen die Nacht. Die Lebewesen der Erde können nur überleben, wenn sie sich von biologischer Materie ernähren. Das bedeutet, dass andere Lebewesen verzehrt werden müssen. Egal, ob es sich um pflanzliche oder tierische Wesen handelt. Die Natur kennt keine Moral, sondern nur das Überleben. So entstand und besteht der ewige evolutionäre Kampf um die biologische Materie. Diese biologische Materie muss passend zur Art des Lebewesens gefunden und oft erbeutet werden.

Die Wesen der Nacht werden von der Dunkelheit vor den Jägern beschützt, die ihre Beute sehen müssen. Sie besitzen Sinne und Fähigkeiten, die sich kaum auf optische Eindrücke, das Sehen, stützen. Bei einigen von ihnen sind das Gehör, der Geruchs- und Tastsinn besonders ausgeprägt. Sie jagen zusätzlich mit Hilfe von Infrarotsensoren oder Ultraschallsystemen, um nur einige zu nennen. Auch tagsüber wird im Dunkeln gejagt. Der Maulwurf lebt hauptsächlich unter der Erdoberfläche und hat schlechte Sehkraft.

Seine vier übrigen Sinne sind jedoch extrem sensibilisiert. In den Tiefen der Meere wird ebenfalls ohne Tageslicht gejagt.

Die Wesen des Tages, des Lichts, empfinden die Dunkelheit beängstigend, da sie mit Hilfe der Augen bei Lichtmangel einen Feind kaum erkennen. Wenn die Sehkraft im Dunkeln als Hauptinformationsquelle ausfällt, so mahnt der Instinkt zur größten Vorsicht. Wir Menschen erhalten im Dunkeln die gleichen Impulse und fühlen uns unwohl. Im Dunkeln Angst zu haben bedeutet nichts anderes als auf natürliche Weise achtsam zu sein. Hat sich unser Verstand davon überzeugt, dass wir absolut sicher sind, so löst sich die Angst völlig auf und wir fühlen uns wieder wohl. Längst haben die Menschen mit ihrer Technik die Nacht zum Tag gemacht. Man spricht in dicht besiedelten Gebieten von Licht-Smog, der dem Biorhythmus die schlaffördernde Dunkelheit entzieht.

Der ästhetische Anblick wandernder Planeten, der Sternenbilder und der Milchstraße geht in Ballungsgebieten fast verloren, und damit auch der natürliche Bezug des Menschen zum Nachthimmel. Wer jedoch die Dunkelheit als Quelle der Ruhe und der Möglichkeit zur inneren Einkehr genießt, der beginnt, mit ihr Frieden und Freundschaft zu schließen.

Bei einer Erblindung steht man laut dem Volksmund völlig im Dunkeln. Eine echte Dunkelheit ist das nicht, aber unser Instinkt nimmt die Situation tatsächlich als solche war. Also steht dem Sehverlust zu Anfang die natürliche Angst gegenüber. Diese Angst löst sich auf, sobald dank guter Schulungen und vernünftiger Einstellungen auch mit der Erblindung Freundschaft geschlossen wird.

Mein Weg in die Dunkelheit

Ich wurde 1957 mit einem ‚Grünen Star' im Herzen des Ruhrgebiets geboren und noch im Säuglingsalter an beiden Augen operiert. Mit einem Visus, also einer Sehstärke, von knapp 50% auf dem besseren Auge und Glasbausteinen in der Brille traf ich im Kindergarten auf die ersten dummen Sprüche meiner Altersgenossen. Die Benutzung eines Opernglases zum Lesen der Schultafel schob mich auf der Spottliste auf Platz 1. Ich kompensierte den gesellschaftlichen Druck als Klassenclown und erntete bald die Anerkennung meiner normal sehenden Mitschüler und die für mich ärgerlichen Klassenbucheinträge.

Das Sehen wurde noch schlechter und ich machte an der Rehabilitationsstätte für Sehbehinderte und Blinde in Mainz eine Ausbildung zum Masseur und medizinischen Bademeister. Dort fühlte ich mich unter ähnlich Betroffenen zum ersten Mal richtig anerkannt und absolvierte mit Freude mein Examen. Ich bekam eine Anstellung in einer Klinik, heiratete und gründete eine Familie. Die Glückseligkeit wäre perfekt gewesen, doch dann wurde der ‚Grüne Star' wieder aktiv. Mit zwölf weiteren drucksenkenden Augenoperationen flüchtete ich jahrelang vor dem weißen Stock. Trotz größter Bemühungen der Ärzte mündete mein Sehen in völliger Erblindung. Alle Gegenstände begannen mit mir zu sprechen. Das waren die Uhr, die Waage, der Taschenrechner, das Vorlesesystem, die Hörbücher usw. Selbst mit dem weißen Stock hatte ich endlich Freundschaft geschlossen und inneren Frieden gefunden. Meiner Meinung nach hatte ich mein Testprogramm des Lebens bestanden.

Das war ein großer Irrtum, denn das Programm war noch gar nicht zu Ende! Knochenmarkkrebs und Lymphdrüsenkrebs katapultierten mich nach 34 Jahren Klinikarbeit aus meinem Beruf und ich landete mitten in einem existenziellen Vakuum. Zwischen den Chemotherapiezyklen nutzte ich die freie Zeit, mich autodidaktisch in die Anwendung eines Screen Reader-Programms einzuarbeiten, um blind den PC bedienen zu können. Durch diesen neuen Schicksalsweg fand ich die Liebe zum Schreiben und erarbeitete ein autobiografisches Manuskript. Angehörige und Freunde hatten dieses mit Begeisterung gelesen und mich gedrängt, den Schritt zur Publikation zu wagen. Im Herbst 2012 konnte ich dank vieler lieber Helferlein die Autobiografie unter dem Titel „Im Testprogramm des Schicksals" als Taschenbuch und E-Books auf den Buchmarkt bringen. Es folgten umfangreiche, positive Berichte in der Presse der Sehbehindertenverbände und der Lokalpresse. Um den Nichtbehinderten einen noch tieferen Einblick in die Welt behinderter Menschen zu geben, veröffentlichte ich im Jahr 2015 den Gesellschaftsroman „Ein Tag für Blinde, Lahme und Verrückte“. Auch dieses Buch stieß in der Presse der Sehbehindertenverbände auf gute Kritik. Während dieser Zeit wurde ich Mitglied im Literaturzirkel der BLAutoren. Das ist eine Gruppe sehbehinderter und blinder Poeten, Schriftstellerinnen und Schriftsteller, die sich aus dem gesamten deutschsprachigen Raum als Arbeitskreis zusammengeschlossen haben. Ich erweiterte meine schriftstellerischen Tätigkeiten auch im Genre der Kriminalromane und wechselte mit der Buchproduktion zum Edition Paashaas Verlag. So ist das Schreiben nun mein leidenschaftlicher Lebensinhalt geworden.

Da mir von vielen Lesern zum Thema Erblindung immer wieder neue interessante Fragen gestellt wurden und werden, möchte ich mit diesem Buch Antworten geben und verständliche Eindrücke vermitteln. Aber am wichtigsten ist es mir, dass alle Sehbehinderten und Blinden, die ihre Behinderung noch nicht annehmen konnten, mit Hilfe meiner Beispiele und Gedanken auch dem unausweichlichen Schicksal freundschaftlich die Hand reichen.

Dieter Kleffner

Kapitel I –

Die Augen schließen, das geistige Auge öffnen!

01 Über Sinne und Unsinn

Jeder Mensch hat ein Weltbild. Doch jeder erfasst seine Welt ganz individuell. Wir können ähnliche Weltbilder haben, aber nie dieselben. Die Vorstellung von der äußeren physikalischen Welt entsteht in unserem Gehirn mit Hilfe der Informationen der fünf klassischen Sinnesorgane. Gemeint sind die Sinneswahrnehmungen Sehen, Hören, Riechen, Schmecken und Ertasten. Bei dieser klassischen Aufzählung gerät fast immer der Gleichgewichtssinn in Vergessenheit, dessen Sensoren im Innenohr liegen. Gerade bei geschlossenen Augen gibt dieser Sinn dem Gehirn die Informationen, ob wir schwanken oder ein Tablett mit Gläsern vor uns in der Waage halten.

In antiken Schriften bis hin zur Neuzeit wird immer wieder behauptet, dass es Menschen mit dem sechsten Sinn gäbe, der auch als ‚das zweite Gesicht' bezeichnet wird. Dabei handelt es sich um die Fähigkeit, Ereignisse vorauszusehen, die in der Zukunft liegen. Einer der berühmtesten Menschen mit dieser Fähigkeit war Nostradamus. Da seine Voraussagen alle in der Form einer Metapher überliefert wurden, war das Eintreten seiner Voraussagen immer reine Auslegungssache.

Ganz sicher gibt es aber den Unsinn, der ständig durch Unwissenheit entsteht. Unsinnig ist zum Beispiel die Behauptung, dass blinde Menschen besser hören als Sehende. Nein, diese Betroffenen haben ein genauso gutes oder weniger gutes Gehör wie alle Sehenden! Aber wer keine optischen Informationen bekommt, der ist gezwungen, die Informationen der übrigen Sinnesorgane besser auszuwerten. Einfach ausgedrückt: Der sehbehinderte Mensch hört genauer hin, sensibilisiert seinen Tastsinn, schnuppert öfter und schmeckt intensiver ab. Ich weiß als Betroffener, wovon ich spreche.

Häufig wird mir die Frage gestellt: „Kann man nichts gegen die Erblindung tun? Im Fernsehen wurde doch gezeigt, dass man Augen transplantieren kann. Es gibt auch elektronische Brillen."
Da ist er wieder, der Unsinn. Liebe Leser, fragen Sie jeden anderen, aber bitte nie einen blinden Menschen, ob man gegen seine Erblindung nichts unternehmen kann. Niemand ist freiwillig blind. Alle Blinden, die ich kennengelernt habe, sind sehr gut über den Stand der Augenheilkunde informiert. Bei wissenschaftlichen Meldungen über geplante Heilungserfolge in den Bereichen künstlicher Sehzellen oder gar der Gentechnologie bekommen alle Blinden spitze Ohren. Doch nicht alle behalten wie ich bei

unsinnigen Fragen einen ruhigen Puls. Deshalb kläre ich auch gerne auf.

Ja, es gibt bei der Erblindung durch eine Hornhauttrübung die Möglichkeit der Transplantation. Doch bei dieser sogenannten Keratoplastik wird nur am vorderen Auge die trübe Haut durch eine klare ersetzt, nicht das gesamte Auge. Da es sich bei der transplantierten Haut um eine Organspende handelt, muss aufgrund der Abstoßungsgefahr das Immunsystem des Patienten auf Dauer mit Medikamenten beeinflusst werden. Deshalb sind in diesem Fall Nutzen und Schaden gründlich auszuloten.

Auch die elektronische Brille gibt es, mit der ein Blinder besser sehen kann, als das mit gesunden Augen möglich wäre. Diese Brille gehört Geordi La Forge, dem blinden Navigator im Raumschiff Enterprise, also nur zu finden im Genre Science-Fiction! Elektronische Brillen können zurzeit das natürliche Auge maximal wie eine Lupe oder ein Fernglas unterstützen.

02 Das Dunkelrestaurant – der Praxistest für coole Sehende

Über Blindheit etwas zu hören ist interessant. Das Nichtsehen mal für wenige Stunden zu erleben, ist viel eindrucksvoller. Das lässt sich völlig gefahrlos in die Praxis umsetzen.

Jeder sehende Gast, der die Neugier und den Mut aufbringt, ein köstliches Menü in einem Dunkelrestaurant einzunehmen, fordert seinen vier verbliebenen Sinnen ungewohnte Leistungen ab. Hören, Tasten, Riechen und Schmecken verlangen plötzlich mehr Aufmerksamkeit und Konzentration.

Die moderne Gesellschaft ist es gewohnt, während des Essens zu plaudern, mit den Augen Milieustudien zu betreiben oder sogar auf dem Smartphone zu tippen.

Nein, das wird in einem Dunkelrestaurant bewusst ausgeschlossen.

Begleiten wir nun vier Gäste, die einen Tisch im Dunkelrestaurant reserviert haben. Sie werden im beleuchteten Empfangsraum freundlich gebeten, alle Lichtquellen wie leuchtende Armbanduhren, Smartphones und Feuerzeuge in den Jacken oder Handtaschen zu verstauen und diese an der Garderobe abzugeben. Und schon kann das Abenteuer beginnen.

Eine hochgradig sehbehinderte oder blinde Mitarbeiterin stellt sich vor und bittet die Gäste in einen kleinen Zwischenraum. Dieser dient als Schleuse zum Dunkelbereich. Wird die Tür zum beleuchteten Empfangsraum geschlossen, ist es bereits finster. Die Mitarbeiterin erklärt: „Mein Name ist Maria. Traditionell sind wir hier alle per Du. Das entspannt die Situation.“ Auch die Gäste nennen ihren Vornamen. Maria fährt fort: „Ich bediene euren Tisch und bin jederzeit abrufbar. Jede Handreichung wird angekündigt und genau erklärt. Sollte sich jemand nicht wohlfühlen oder zur Toilette müssen, dann geleite ich die Person sofort hinaus. Wir werden uns nun wie bei einer Polonaise an die Schultern fassen und ich gehe voraus. Wenn niemand mehr eine Frage hat, dann geht es nun los.“
Nein, keiner dieser Gäste hat eine Frage. Alle haben nur ein mulmiges Gefühl. Ein Gefühl, wie vor der Fahrt in einer dunklen Geisterbahn. Unzählige Stimmen sind hinter der nächsten Tür zu hören. Teilweise laut und vergnügt. Also kann das Ganze gar nicht so furchtbar sein.
Maria öffnet die Tür zum inneren Restaurant. Und tatsächlich ... es herrscht absolute Finsternis. Schlagartig verstummen alle Stimmen. Die anderen Gäste lauschen gespannt. Was verändert sich jetzt? Ah, da kommen scheinbar neue Gäste. Die sind

ebenfalls stumm, völlig auf die Schulterbewegungen des Vorgängers, auf die eigenen Schritte und das Gehör konzentriert. Schwatzen und gleichzeitiges Lauschen harmonieren nicht.
Die bereits Anwesenden schmunzeln getarnt von der Dunkelheit. Sie wissen, wie froh und dankbar jeder der Neulinge gleich sein wird, wenn er sicher und fest auf seinem Stuhl sitzen darf. Leise und zaghaft nehmen die übrigen, unsichtbaren Gäste an unsichtbaren Tischen ihre Gespräche wieder auf.
Doch die neuen Gäste fragen sich: Wie viele Tische und Leute sind eigentlich in diesem Raum? Wie viele Schritte sind wir schon gelaufen? Man hätte diese doch zählen können. Zu spät dran gedacht!
„Wir sind angekommen“, sagt Maria fröhlich. Nacheinander ertasten die vier angespannten Personen die linke und die rechte Tischkante, dann endlich jeder seinen Stuhl. Irgendjemand pustet durch gespitzte Lippen erleichtert aus. Es hört sich wenigstens so an. Maria nimmt sogleich die Getränkebestellung auf. Erst jetzt fällt auf, dass es rundherum wieder äußerst laut geworden ist. Maria macht mit ihrem Mund kurz ein zischendes Geräusch. Ein „Sch...“, wie wir das noch aus der Schule kennen, wenn der Lehrer Ruhe haben wollte.

Sehende Menschen sind in der Lage, bis zu vierzig Prozent Hörverlust mit den Augen auszugleichen. Sie sehen, wenn sie angesprochen werden. Sie haben von klein auf gelernt, von den Lippen zu lesen. Sie analysieren den Ausdruck der Augen, die Mimik und Gestik ihres Gegenübers. Diese Fähigkeit ist im Dunkelrestaurant vorübergehend futsch. Also meint nun fast jeder Gast, unter einem Hörverlust zu leiden und wird lauter und lauter. Erstaunlich ..., ein Zischen und alle sind in diesem Raum sofort still. Das würde in keinem beleuchteten Restaurant geschehen, weil die Augen die Situation souverän überblicken und beherrschen können. Im Dunkeln muss man schon hinhören, um eine eventuell wichtige Information mitzubekommen. Wie gesagt: zuhören und gleichzeitig quatschen geht nun mal nicht. Also sind alle Gäste kurz ruhig, dann flüsternd, dann wieder laut.

Oh, Maria ist weg. Und nun? Bloß nicht aufstehen! Das Gesäß empfindet den Stuhl nun als Orientierungshilfe. Nur die Hände könnten ein bisschen Auslauf vertragen. Vorsichtig lassen die neuen Gäste ihre Finger über die Tischplatte gleiten. Sie ist nackt. Keine Tischdecke, kein Platzdeckchen, die bekleckert werden könnten. Sehr praktisch und beruhigend. Steht denn überhaupt etwas auf dem Tisch?

Allgemein stehen dort doch traditionell Pfeffer und Salz. Meistens eine Kerze. Aber damit muss man hier wohl nicht rechnen. Ein Blumengesteck ist auch nicht zu erwarten. Ist ja toll. Die können sich hier die gesamte Tischdekoration sparen. Wie sauber ist es hier eigentlich? Die Finger ertasten rechts eine Fensterbank. Ach so, mit Folie wurde alles verdunkelt.

Etwas angespannt beginnt das Tischgespräch und stoppt schon bald abrupt.
„Die Getränke sind da!“, ist plötzlich Marias Stimme zu hören. Vorsichtig strecken sich ihr suchende Hände entgegen. Wie hoch muss man wohl greifen? Ist ihre Hand schon da? Oder hat man sich verpasst? Oh je, jetzt bloß nichts überschwappen lassen. Nicht auf das gute Kleid, nicht auf die gute Hose. Eigentlich wäre das völlig egal, sieht hier doch niemand. Ja, das wäre tatsächlich egal, wenn nicht im Anschluss draußen die sehende Welt warten würde. Die sehende Welt, die jeden Fleck und jeden hässlichen Pickel wahrnimmt.
Geschafft! Alle haben ihre Gläser bekommen und direkt schon einmal genippt. Sieht doch niemand! Aber das Glas wird jetzt nicht mehr losgelassen.
Wo ist Maria? Sie ist schon wieder unterwegs. Sie kennt die Räumlichkeit, hat in ihrem Kopf einen ziemlich genauen Plan von der Einrichtung. Ihre Hand

streift an mehreren Tischkanten entlang und sie weiß immer, wo sie ist. Die andere Hand schiebt einen kleinen Servierwagen, auf dem Gläser und Flaschen recht sicher stehen. Sie verraten ihr Vorhandensein hin und wieder durch leises Klappern.

Das Tischgespräch wird entspannter und lauter. Die neuen Gäste gewöhnen sich an die Situation.

„Wer von euch hatte als Vorspeise Suppe bestellt und wer den Salat?" Maria ist schon wieder aus dem Dunklen zu hören.

Vorsichtig tasten Finger nach Suppentassen mit Unterteller, andere nach Salattellern. Maria wünscht guten Appetit und verschwindet wieder im Nichts.

Löffel erkunden die heiße Flüssigkeit. Die Art der Suppe wurde zuvor nicht angekündigt. Das soll der Geschmackssinn analysieren. Ist der Löffel denn schon voll? Also hier im Dunkeln kann man mit dem Mund auch direkt über die Tasse gehen. Sieht doch niemand. Oh, heiß! Habe ich jetzt geschlabbert? Also vorne auf der Tischkante ist nichts zu fühlen. Nicht zu feste pusten! Man sieht ja nicht, ob dann etwas aus dem Löffel schwappt.

Gegenüber stochert eine Gabel im Salat. War hier nicht auch ein Messer auf der Serviette? Tatsächlich. Da ist es doch. Salat schneiden ohne etwas zu sehen, ist nicht leicht. Die Fingerkuppen melden, dass

eine Tomate und das Dressing bereits neben dem Teller die Tischplatte erreicht haben.
„Wo ist mein Messer geblieben?“, fragt der Nachbar und stößt kräftig an sein Bierglas. Es wackelt und wackelt und bleibt doch stehen. Irgendjemand muss wohl zwei Messer haben. Finger suchen. Finger finden.
Weiter mit dem Salat. Wieso schmeckt der jetzt an einer Stelle nach Bier? Die Serviette ist weg. Wer hat denn jetzt zwei Servietten?
Die Suppentasse ist mittlerweile halb geleert. Geht der Geschmack Richtung Kürbissuppe oder doch Richtung Pfifferlinge? Also Tomaten sind es nicht. Die Zunge analysiert kleinste Gegenstände. Kräuter oder so. Etwas Cremiges ist auch dabei. Längst liegt der Löffel nutzlos am Rand des Untertellers. Die Lippen berühren die Tasse und trinken direkt daraus. Sieht doch niemand, schmeckt genauso und ist stressfreier als löffeln.
Auf jeden Fall sind Pinienkerne im Salat. Das ist sicher. Blöd ist nur, dass der Lollo Bianco so weit über die Gabel hängt, dass das Gestrüpp samt Dressing gegen die Wange klatscht. Wo ist die Serviette?
Mittlerweile wird es wieder zu laut und dieses Mal zischt Marias Kollege Theo, um Ruhe hineinzubringen.

Der Hauptgang folgt. Schon bei der Tischbestellung hatte jeder Gast im Vorfeld zwischen Rindfleisch, Schweinefleisch, Geflügel, Fisch oder mediterraner Küche gewählt. Die Beilagen bleiben zunächst geheim. Sie sollen ja im Dunkeln erschnuppert und erschmeckt werden.

Maria wünscht wieder „Guten Appetit“ und lässt die Gäste mit ihren soeben servierten Speisen zurück. Gabelzinken und Messerspitze prüfen die Materialdichte. Wenig Widerstand - vielleicht eine Kartoffel? Mehr Widerstand – vielleicht ein Rosenkohl? Was kugelig erscheint und nach dem Druck mit dem Messer auch noch über den Tellerrand rollt, kann nicht das Schnitzel sein.

Gegenüber setzt der andere Gast sein Bierglas an gewohnter Stelle ab. Ein kugeliges Hindernis hätte die Aktion fast zum Kippen gebracht. Finger suchen nach dem Hindernis. Ist das etwa vom eigenen Teller geflüchtet? Oder wurde es doch von seinem Gegenüber frech untergeschoben?

Alle an diesem Tisch sind still und konzentriert. Mancher leckt sich bereits die Finger. Nicht nur, weil es so klasse schmeckt, sondern weil ihm einzig die Finger ein klares Bild davon vermitteln, wie viele Kartoffel- und Gemüsestückchen sich heimlich auf den Weg zum Nachbarn gemacht haben.

Marias Stimme ist plötzlich wieder da: „Na, kommt ihr zurecht?“ Einstimmig kommt die Antwort: „Danke, bestens, bestens!“
Wein und Bier beruhigen die Nerven. Die Anspannung wird weniger und das Geklecker auf dem Tisch ist ein bisschen mehr geworden.
Fehlt noch das Dessert. Wo kommt das denn her? Ideal, es ist ein Schälchen mit kleinen Früchten. Lippen schmiegen sich an den Rand des Schälchens und der kleine Löffel schiebt die Köstlichkeit direkt in den Mund. Sieht doch niemand.
Stumm steht die Frage im Raum, ob die Gäste ihre Etikette vergessen und heute überwiegend mit der Finger-Food-Technik gespeist haben. Niemand weiß das, sah das, möchte das zugeben. Es wäre ja auch nur eine Option.

Das Menü ist geschafft! Maria trägt die Teller und Schälchen ab. Man tauscht die Ergebnisse der Speiseanalysen aus und prostet sich erneut zu. Ja, man stößt sogar mutig im Dunkeln mit den Gläsern quer über der Tischmitte an. Es klappt. Die Gläser klirren nur leise. Man ist stolz. Stolz, etwas Schwieriges gewagt und bestanden zu haben.
Das Sehen ist fast vergessen. Ebenso die Zeit. Und dann kommt der Moment, wo Maria sagt: „So, jetzt zieht die Polonaise wieder hinaus ins Licht.“

Erneute Anspannung. Die ersten beiden Hände suchen Marias Schultern. Niemand verlässt so gern den wunderbar sicheren Stuhl. Der letzte Gast von diesem Tisch verpasst den Anschluss und tapst locker in die Dunkelheit. Er greift ins Leere. Wo ist der eigene Stuhl, wo die gewohnte Tischkante? Bloß nicht an irgendeinen anderen Tisch stoßen. Finger tippen gegen einen fremden, speisenden Gast. Dem bleibt der Bissen vor Schreck im Hals stecken.
Maria ist stehen geblieben und zählt die Häupter ihrer Lieben. Ihre geschulte Hand zieht den verlorenen Blindgänger zu sich und die Polonaise ist wieder komplett. Im Gleichschritt schwankt die Gruppe los und mündet in der Schleuse. Die Tür zum finsteren Innenraum wird geschlossen. Alle sind bereit, durch die nächste Tür in die Welt des Lichts zu treten. Mit einem Schlag ist es taghell. Reflexartig schließen sich die Lider der gesättigten Gäste. Neugierige Augen linsen vorsichtig durch den zart gelösten Wimpernvorhang. Ja, sie ist noch da..., die Welt der Kontraste, Farben und Bilder. Die Welt der optischen Orientierung. Die Welt, in der das stolze Auge souverän auch jeden fremden Weg erkennt.
Keiner der Teilnehmer muss etwas sagen. Jeder erkennt in den Augen seines Gegenübers, in dessen Mimik und Gestik, was der andere nach diesem gemeinsamen Abenteuer denkt.

03 Die Dunkelheit als Heimspiel

Freunde hatten mich zusammen mit meiner Frau in das oben beschriebene Dunkelrestaurant eingeladen. In der Schleuse erklärte ich der blinden Mitarbeiterin Maria, dass ich ebenfalls blind sei. Sie forderte mich sofort begeistert auf, in diesem Restaurant mitzuarbeiten. Ich lehnte dankend ab, da ich sehend bereits so ‚umwerfend' war, dass ich kein Talent zum Kellnern aufweisen konnte. Also schloss ich mich der Polonaise in den Speiseraum an.

Während sich meine Frau und meine Freunde mit ihren verbliebenen vier Sinnen auf die Finsternis konzentrierten, änderte sich für mich nichts. Für mich war das ein reines Heimspiel. Mitarbeiterin Maria und ich praktizierten die Teller- und Gläserübergabe mit routinierter Lässigkeit. Essen und Trinken waren für mich ein Genuss. Die Freunde hatten hier schon einmal gespeist und ihre Anspannung hielt sich deshalb in Grenzen. Doch für meine Frau war die Situation neu und somit der reinste Stress. Sie fieberte dem Moment entgegen, an dem es wieder hinaus ins Licht gehen würde. Ihre Uhr lief quälend langsam, meine überraschend schnell.

Da wir gemeinsam den Raum betreten hatten und nun wieder gemeinsam verließen, bestätigte sich besonders im Dunkelrestaurant Albert Einsteins Theorie, dass die Zeit relativ ist.

Wir traten nach zweieinhalb Stunden ins Licht. Drei geliebte Menschen atmeten erleichtert auf. Sie hatten 150 Minuten völlige Dunkelheit ertragen. Dazu gehört Mut. Nach diesem Erlebnis haben sie mir aufrichtig gesagt, dass sie die Situation eines blinden Menschen nun mit mehr Verständnis betrachten könnten. Auch der Respekt gegenüber der eigenen Sehkraft sei deutlich gestiegen.
Anmerkung von Verlegerin Manuela Klumpjan: „Bei mir war es damals so, dass ich die ganze Zeit versucht habe, trotz der völligen Dunkelheit etwas zu sehen, das war sehr anstrengend. Auch unsere Tischgespräche waren viel ernster als sonst, weil wir uns in der Dunkelheit irgendwie freier gefühlt haben. Diese Erfahrung haben auch andere Sehende gemacht, mit denen ich später gesprochen habe."
Fazit: Wer sich eine solche Erfahrung etwas kosten lässt, wird reicher nach Hause gehen.

04 Als Blinder eine Attraktion!

Seitdem meine Sehnervenzellen von dem hohen Augeninnendruck fast alle zerstört wurden, kann ich keine Lichtquellen direkt orten. Ich kann aber beim Licht ein- oder ausschalten einen diffusen Unterschied wahrnehmen. Trotzdem weiß ich beim Betreten eines Raumes nie, ob das Licht bereits an ist oder nicht. Der Sehende kann das nachvollziehen,

wenn er zur abendlichen oder nächtlichen Stunde in einem beleuchteten Raum seine Augen schließt. Wenn er das Licht ein- oder ausschaltet, so wird er das durch die geschlossenen Lider unterschiedlich wahrnehmen.
Auch hier ist Klärungsbedarf. Wenn mich jemand fragt, ob ich hell oder dunkel unterscheiden kann, und ich das mit einem ‚Ja' beantworte, dann folgt sogleich die zweite Frage: „Also sehen Sie doch noch?"
Um dem Missverständnis und Unsinn vorzubeugen, antworte ich am liebsten: „Ne, ich sehe gar nix."
Meine Dunkelheit misst sich nicht wie im Dunkelrestaurant in Stunden oder Tagen, sondern sie ist zu meiner Welt geworden. Sie ist eine Welt, in der nicht auf Zuruf der Service herbeieilt oder mich eine einfühlsame Maria samt ihrer Polonaise durch das Leben führt! Als Blinder bin ich für Sehende grundsätzlich eine Attraktion. Mein weißer Stock ist ein Stigma und deshalb wird sogleich alles still, wenn ich ein Restaurant betrete. Während im Dunkelrestaurant niemand darauf achtet, in welcher Manier der einzelne Gast zu speisen pflegt, muss gerade ich als Blinder im Restaurant der Sehenden besonders auf meine Etikette achten. Alle Augen sind auf mich gerichtet. Nicht nur das. Selbst aus dem engsten Freundeskreis kommt oft die Belobigung: „Du hast ja gar

nicht über den Teller geschlabbert. Und der Teller ist sogar völlig leer."

Ist das nicht sonderbar? Muss ich als Blinder stolz auf gute Tischmanieren sein? Ja, bin ich! Knigge hat seine Empfehlungen schließlich in erster Linie für Sehende geschrieben …

Mein Geheimnis, die Grenzen des eigenen Tellers nicht zu überschreiten, liegt darin, dass ich mit Gabelzinken und Messerspitze sehe. Das ist kein Witz. Es fiel mir erst nach einigen Jahren Dunkelheit auf, dass mein Gehirn alle ertasteten Dinge sofort in Bilder umsetzt. Wenn ich im Restaurant auf einem Stuhl sitze und per Zufall mit der Fingerkuppe unter die Sitzfläche taste, dann weiß ich sofort, ob Kreuz- oder Schlitzschrauben verwendet wurden. Leider auch, wie viele Kaugummis dort ihr Ende fanden. Gerade diese Tastbilder würde ich mir gerne ersparen, da die sehenden Verursacher mir damit den Appetit verderben. Etikette und Stil haben nichts mit einer Behinderung zu tun, das ist eine Frage der Haltung und des eigenen Anspruchs.

Vielleicht sollte ich als Blinder auch nicht so genau hinschauen …

05 Was bedeutet blind zu sein?

Als leidenschaftlicher Schreiber und Erzähler liegt mir die Prosa, doch ich liebe auch den Reim. Was mich an Gedichten reizt, ist die sprichwörtliche Verdichtung. Damit lassen sich wichtige Gedanken auf engstem Raum zusammenfassen und das Ganze klingt trotzdem nicht wie in einem Sachbuch.

Ich habe ein Gedicht geschrieben mit dem Titel ‚Was bedeutet das Wort *blind*?' Die blinde Germanistin Urvi Jangam aus Indien hat in Deutschland studiert. Sie stellte dieses Gedicht im Zusammenhang mit einer Arbeit über ‚Blindheit und Ästhetik' in den USA während eines Germanistenkongresses vor und gab dazu eine Analyse ab. Danke, Urvi!

Was bedeutet: „Ich sehe nicht?“
Was bedeutet das Wort ‚blind‘?
Es flackert subjektives Licht,
wo geisterhafte Schleier sind.
Schleier aus hellen und dunklen Flecken,
ständig im Wandel und völlig bizarr.
Was mag real dahinter stecken?
Die Welt bleibt für mich unsichtbar!
Das Ohr versucht ein Bild zu malen,
so wie es das Auge früher bot.
Doch wie klingen Sonnenstrahlen?
Wie klingen blau und gelb und rot?
Die Nase kennt den Duft der Welt,
versucht mir alles zu erschnuppern.
Sie reckt sich hoch zum Sternenzelt …
Doch, wie riechen denn Sternschnuppen?
Mein Geschmack macht sich ein Bild
von kulinarischen Genüssen.
Sag‘, funkeln Augen feurig wild
bei innig heißen Küssen?
Mein Tastsinn kann schematisch sehen,
was Fingerspitzen fühlen.
Doch, wie erfühlt man weite Seen?
Wie himmlisch Wolken spielen?
Nur wer den Regenbogen sah,
der kennt die ganze Farbenpracht.
Das Auge brachte mir einst nah,

wie der Mond von Ferne lacht.
Wenn ich mir Bilder machen will
von der realen Welt,
dann hilft Erinnerung sehr viel
und was die Fantasie erzählt.
Zur Stimme zählt auch ein Gesicht.
Ist dieses furchtlos oder bang?
Ist es glücklich oder nicht?
Die Mimik wird bestimmt vom Klang.
Blindsein schafft mir große Lasten.
Trotzdem kann ich in mich gehen,
gründlich hören, riechen, tasten,
sehr viel von der Welt verstehen.
Fehlt mir optisch heut‘ der Sinn,
so ist das nicht das Ende.
Talente stecken in mir drin,
drum spuck ich in die Hände.
Dem Ohr reich‘ ich Gitarrensaiten,
den Fingern Tastaturen,
lass‘ mich vertrauensvoll begleiten
auf fremden Wegen, neuen Spuren.

06 Augenerkrankungen, die zu Sehbehinderungen und Erblindung führen

Um das Verständnis zu fördern, warum es auch in der heutigen Zeit noch Sehbehinderungen und Erblindungen gibt, erlaube ich mir als erfahrener Patient an dieser Stelle dem geschätzten Leser mit einfachen Worten die Funktion des menschlichen Auges näher zu bringen.

Der Augapfel wird in Vorderkammer und Hinterkammer eingeteilt. Die Kammern sind mit Flüssigkeit, dem Kammerwasser, gefüllt, welches das Auge in einer stabilen Form hält. Ähnlich wie ein Luftballon, der mit Hilfe des inneren Luftdrucks in Form gehalten wird. Das Kammerwasser wird langsam aber stetig erneuert. Produktion und Entwässerung müssen logischerweise im Gleichgewicht bleiben. Ist der Druck zu hoch oder zu niedrig, kommt es zu krankhaften Veränderungen im Auge.

Die unzähligen natürlichen Wunder unseres Auges beginnen bereits mit der Hornhaut, die wie eine gläserne Kuppel konvex, also nach außen gewölbt, unter dem Augenlid hervorlugt. Dank eines ständigen Feuchtigkeitsfilms und dem Augenlid, das als Scheibenwischer dient, glänzt das gesunde Auge. Das Licht hat die Möglichkeit, diese transparente Kuppel in der Vorderkammer zu durchqueren. Zwischen Vorderkammer und Hinterkammer erkennen die Sehenden die Regenbogenhaut mit dem schönen Namen Iris.

Diese kann in den Farben blau, grün und braun schimmern. Auch Mischfarben sind möglich. Die Iris arbeitet als Blende, wie bei einem Fotoapparat, da das Loch in ihrer Mitte vergrößert oder verkleinert werden kann. Man spricht auch von der Pupille.

Wenn ein Lichtstrahl die Pupille durchwandert hat, trifft dieser auf eine Linse. Diese ist konvex und kann in ihrer Konvexität verändert werden, kann von unserem Gehirn nach Bedarf dicker oder dünner eingestellt werden. Das dient der Nah- und Weitsichtigkeit. Versuchen Sie das mal mit Ihrer geliebten Lupe, lieber Leser.

Nach der Linse folgt die hintere Kammer. Die konkave, also nach innen gewölbte Rückseite des Innenauges ist mit mehreren Millionen Nervenzellen bestückt, die die Netzhaut bilden. Trifft das Licht auf eine gesunde Nervenzelle, so wird diese Energie gewandelt und als Information über den Sehnerv zum Sehzentrum, welches sich im Gehirn befindet, geleitet.

Eine tiefergehende anatomische und physiologische Beschreibung würde den Rahmen dieser Lektüre sprengen, doch mit den oben genannten Augenabschnitten lassen sich nun die wichtigsten Erkrankungen erklären.

Dass der vordere Teil des Auges mit seiner transparenten Hornhaut äußerst empfindlich ist, wird jeder schmerzhaft erfahren, wenn ein Staubkörnchen auf dieser Fläche unter dem Lid scheuert. Wird diese Fläche noch grober verletzt, durch ätzende Flüssigkeiten oder Gewalteinwirkung, dann trübt sich das Gewebe ein. Bei völliger Trübung sieht der Betroffene wie durch eine Milchglasscheibe. In dieser Situation ist das Auge so gut wie blind. Sollte diese Trübung mit Hilfe einer medikamentösen Therapie nicht heilen, so muss die Hornhaut des Augenvorder-grundes zum Teil durch eine Keratoplastik ersetzt werden. Das geht nur mit natürlichem Material, also mit einer Organspende. Damit das Spenderorgan nicht abgestoßen wird, muss der Patient dauerhaft Medikamente einnehmen.

Hinter der Pupille befindet sich die Linse. Diese trübt sich mit fortschreitendem Alter ein. Der Schleier, den der Patient dann sieht, erscheint wie der Blick durch einen Wasserfall, *‚griechisch Katarakt'*. Im Volksmund nennt man diese Augenerkrankung *‚Grauer Star'*. Ist die Linse völlig trübe, dann muss sie operativ gegen eine künstliche Linse ausgetauscht werden. Ohne diesen Eingriff wäre das Auge blind.

Wenn das Kammerwasser nicht genügend entwässert wird, weil sich die mikroskopisch kleinen Abflusskanäle verstopft haben, dann steigt der Augeninnendruck. Das wirkt sich negativ auf alle Bereiche des Auges aus. Die Hornhaut wird überdehnt und trübt sich ein. Sie bildet Leisten. Die Sehnervenzellen werden nicht mehr gut durchblutet und sterben unwiederbringlich ab. Ebenso ergeht es dem Sehnervenkopf. Je mehr Zellen absterben, umso größer ist der bleibende Sehverlust. Die Augeninnendruckerhöhung heißt fachlich *‚Glaukom‘* und wird im Volksmund als *‚Grüner Star‘* bezeichnet. Dank guter Medikamente kann diese Erkrankung mit einer Tropfentherapie behandelt werden. In hartnäckigen Fällen wird operativ ein verbesserter Abfluss für das Kammerwasser geschaffen. Der *‚Grüne Star‘* beginnt oft schleichend Mitte des vierzigsten Lebensjahrs. Er kann nur durch eine Vorsorgeuntersuchung rechtzeitig entdeckt werden. Solange der Druck zu hoch ist, sterben permanent Sehnervenzellen ab. Am Ende steht die völlige Erblindung. Ich habe einen angeborenen *‚Grünen Star‘*, der vom Kinderarzt zu spät entdeckt wurde. Ferner ist meine eher seltene Form dieser Erkrankung so problematisch, dass alle drucksenkenden Therapien und vierzehn Augenoperationen die Erblindung nicht aufhalten konnten.

Es gibt für die Sehnervenzellen selbst zwei Erkrankungen, die zur Erblindung führen können: die *‚Retinitis Pigmentosa‘* (RP) und die *‚Makuladegeneration‘* (MD). Trotz modernster Medizin sind diese beiden Erkrankungen noch nicht heilbar. Selbst junge Menschen können von ihnen betroffen sein. Mit jedem Sehzellenverlust rückt eine hochgradige Sehbehinderung oder Erblindung näher.

Der Bund-zur-Förderung-Sehbehinderter-NRW e.V. schreibt:
„In Deutschland gibt es über 1,2 Millionen Menschen mit Sehbehinderungen oder Blindheit. Statistisch erfasst sind nur jene mit Schwerbehindertenausweis, die etwas mehr als ein Drittel ausmachen, aber es gibt viele mit leichten oder wesentlichen Seh-einschränkungen ohne Ausweis. Sehbehinderungen sind vielfältig und ihre Ausprägung und Folgebeeinträchtigungen sehr individuell. Menschen mit der gleichen Augenerkrankung haben zumeist einen individuellen Seheindruck und kommen mit den Auswirkungen unterschiedlich gut zurecht. Ihre eingeschränkten Seheindrücke werden unterschiedlich verarbeitet und bewältigt. Ein Teil der Sehbehinderungen ist genetisch bedingt angeboren und tritt je nachdem erst zu verschiedenen Lebensabschnitten auf: ab der Geburt, der Pubertät oder im Alter. Weitere Sehbehinderungen sind Folgen von Unfällen oder anderen Erkrankungen, wie Diabetes Mellitus oder Multiple Sklerose.

Versetzen Sie sich auch nur in eine der folgenden Situationen:
Sie sind bei Nebel unterwegs.
Ihre Brille beschlägt in einem warmen Raum.
Sie sitzen bei Regen am Steuer Ihres Autos und der Scheibenwischer funktioniert nicht.
Sie versuchen, durch ein flüchtig freigekratztes Guckloch

in einer vereisten Scheibe die Umwelt wahrzunehmen. Mit solchen Sehbeeinträchtigungen leben Sehbehinderte – Tag für Tag!

Sehbehindert ist nicht schon jeder, der eine Brille trägt, sondern derjenige, der trotz Korrektur durch optische Gläser nur ein Sehvermögen von 1/3 bis 1/20 der Norm erreicht. Hochgradig Sehbehinderte erreichen lediglich 1/20 bis 1/50 der normalen Sehfunktionswerte. Ab dem Grenzwert 1/50 werden sie als blind eingestuft.

Sehbehinderte sind bei der Informationsaufnahme und Lebensführung erheblich beeinträchtigt. Verlust der Mobilität und keine oder eingeschränkte Teilnahme am gesellschaftlichen Leben lassen Sehbehinderte oft resignieren und führen sie in die Isolation (Infoblatt BFS-NRW e.V.). Rechtzeitige Unterstützung und Förderung sind ganz wichtig. Sehbehinderten- und Blindenverbänden stehen Betroffenen und Angehörigen mit Rat und Tat zur Seite.

07 Behinderte sind nicht normal!

Wenn diese Aussage spontan den Puls des Lesers beschleunigt, dann ist das meine Absicht. Ja, Behinderte sind nicht normal! Und das ist auch sehr gut so!

Wir müssen nämlich mit weiterem sprachlichen Unsinn aufräumen. Ein typischer Satz aus dem Volksmund lautet: „Der (oder die) ist ja nicht normal!“ Das Wort ‚normal‘ wird hier abwertend verwendet. Damit ist gemeint, dass die beurteilte Person krank oder gestört sei. Doch was ist denn normal? Eine Norm setzt Maßstäbe. Normen werden festgelegt, um zu vereinheitlichen, anzugleichen, Unterschiede abzuschaffen. Das mag bei Produktionsgütern und vielen Waren sinnvoll sein. Vor allem Kleinkarierte und Spießer frönen nach meiner Erfahrung einer Norm. Normen erfreuen sich nämlich schlichter Überschaubarkeit. Da lässt sich alles an fünf Fingern abzählen, ohne dass man sein Gehirn in seiner ungeübten Wendigkeit überstrapaziert. Bei einer bunten Vielfalt wird plötzlich alles unübersichtlich. Auf einer bunten Almwiese wächst alles frech durcheinander. Nicht so ordentlich wie in der Kleingartenkolonie – Rosen links, Rasen mittig, Tulpen rechts. Die wahre Natur liebt die Artenvielfalt und die Evolution funktioniert nur durch Anomalität!

Wir hatten schon einmal genormte Menschen, die begeistert im Gleichschritt marschierten. Auf die Frage, „Wollt ihr den totalen Krieg?“, haben sie normal mit „Ja“ geantwortet.

Wer sich für ein klares Nein entschied, der galt nicht als normal.
Ich maße mir nicht an, über Menschen zu urteilen, die in einem totalitären System zu einem Normverhalten genötigt wurden und werden, aber die geheiligte und verehrte Normalität möchte ich endlich in den Köpfen der Menschen von ihrem Sockel stoßen!
Das Diktat der Norm herrscht nicht nur in gesellschaftspolitischen Bereichen. Blicken wir nur auf das Diktat der Mode. Muss man sich dieser Norm anpassen?

Ja, habe ich gemacht! Ich hatte als Jugendlicher lange Haare, verwaschene Jeans und den Parker. Wenn meine Kinder diese alten Fotos betrachten, ist das immer einen Schenkelklopfer wert.

Die nächsten Jugendbewegungen brachten punkig-bunte Haare und durchlöcherte Jeans als New-Look. Rückblickend darf immer wieder gelacht werden. Dann kamen die Tattoos. Jedes Tattoo hat immer etwas Individuelles. Ist die Individualität des Tattoo-Trägers noch gegeben, wenn fast alle modernen Leute flächendeckend Tattoos präsentieren? Da man die Tattoos nicht so leicht in die Altkleidersammlung stecken kann, habe ich diesen Trend persönlich nicht mitgemacht.

Sobald man den Menschen in eine Norm zwingt, erhält man als Resultat die Erkenntnis: „Jeder Mensch wird als Original geboren, aber die meisten sterben als Kopie.“

Wer mich kopieren möchte, für den sehe ich schwarz! Ich hoffe, dass Sie sich diesen Satz genüsslich auf der Zunge zergehen lassen …
Der Behinderte hat gegenüber der breiten Masse zwei Vorteile. Erster Vorteil ist, dass er sich niemals zur Kopie der gesellschaftlichen Norm entwickeln kann. Der zweite Vorteil besteht darin, dass er aufgrund seiner Behinderung ganz individuelle Barrieren überwinden muss. Trotz fachlich guter Beratung wird er eigene Strategien entwickeln. Strategien fordern und fördern enorm die geistige Wendigkeit. Mehr noch, durch Krankheit und Behinderung werden oft eigene Talente entdeckt, die unter normalen Umständen gar nicht in Erscheinung getreten wären. Auch auf mich hatte im Verborgenen etwas völlig Neues gewartet.

08 Der kluge Umgang mit blinden Menschen

Als ich vor einem halben Jahrhundert noch Kind war, gab es in fast allen Familien einen oder mehrere alte Menschen, die aufgrund des ‚Grauen Stars‘ und anderer altersbedingter Augenerkrankungen sehbehindert oder gar blind waren. Die gewohnte Beobachtung dieser oft liebgewonnenen Menschen, der angepasste Umgang mit ihnen und ihrer

Behinderung gehörten zum normalen Leben. Dank guter Augenheilkunde ist der ‚Graue Star' und sind viele andere Augenerkrankungen so gut zu therapieren, dass es die Altersblindheit eher selten gibt oder dass sie erst im Greisenalter einsetzt. Gleichzeitig ist damit auch der gewohnte Umgang mit Sehbehinderten verloren gegangen. Das betrifft übrigens auch andere Behinderungen. Nach dem Krieg gab es viele Menschen, denen Gliedmaßen fehlten oder die gelähmt waren.

Jetzt gibt es ein neues Wort für den ‚selbstverständlichen' Umgang mit Behinderungen: Inklusion. Es bedeutet, dass Behinderte in die Gesellschaft eingebunden werden. Waren wir, die Behinderten, schon mal außerhalb? Gab es vorübergehend eine Exklusion?
Meine Beobachtung ist eine andere. Es wurde in den Jahrzehnten nach dem Krieg bis heute sehr viel für Behinderte getan. Unzählige Selbsthilfegruppen sind entstanden. Das Problem einer Inklusion liegt ganz woanders. Die Köpfe der Menschen sind in unserer Informationsgesellschaft so übervoll, dass sie den Wald vor lauter Bäumen nicht mehr sehen. Viele sind nervlich überfordert und retten sich in eine anonyme Zurückgezogenheit. Es wird kaum noch gegrüßt, Nachbarn kennen sich nicht mehr. Es wird am Arbeitsplatz das Letzte aus den Menschen herausgeholt, damit der Konsum auch das Letzte aus unserem Planeten herausholt.

Und jetzt? Jetzt sehen sich viele Menschen nicht mehr, obwohl sie optisch gar nicht blind sind. Mit dem Blick auf das Smartphone laufen viele nur noch mit gesenkten Köpfen und stoßen sich dieselben. Da könnte ein Blindenstock Abhilfe schaffen ...

Nun kommen wir endlich zum klugen Umgang mit hochgradig Sehbehinderten. Sehbehinderte sehen nicht, wenn ein Finger auf sie zukommt, der ihnen freundschaftlich auf die Brust tippt. Der kameradschaftliche Schulterklopfer kommt ebenfalls so überraschend wie ein Schreckschuss. Begegnen Sie einem hochgradig sehbehinderten oder blinden Menschen im Flur, auf einer Treppe, auf einem Gehweg, dann ist es hilfreich, sich akustisch erkenntlich zu machen. Ein kurzer Gruß mit der Tageszeit reicht schon völlig. Sie werden als Mensch wahrgenommen, aber auch als Hindernis, das nicht mit dem Blindenstock berührt werden soll. Noch schlimmer wäre ein ungewollter Zusammenstoß. Schüchterne Menschen verstummen häufig beim Anblick eines Blinden. Sie können so erstarren, dass sie für den Blinden gar nicht existieren und dann ungewollt angerempelt werden. Das ist mir nicht nur einmal passiert. In solchen Situationen habe ich fast jedes Mal vor Schreck einen Herzstillstand bekommen!

Wenn Sie dem Blinden namentlich bekannt sind, dann nennen Sie auch zum Gruß Ihren Namen. Die meisten Blinden können zwar häufig die Stimmen ihrer Bekannten gut auseinanderhalten, aber sobald es sich um ein großes Wohnobjekt mit vielen Nachbarn handelt oder wenn mehrere Stimmen im Raum sind, wird das schwierig. Bei größeren Gruppen ist die Unterscheidung meistens gar nicht mehr möglich. Stellen Sie sich vor, Sie treffen als Sehender bei einer Party auf fünf bekannte Paare. Mit einem Blick haben Sie erfasst, um welche Personen es sich handelt. Nun kommt die blinde Person hinzu. Alle Bekannten sagen gleichzeitig „Guten Abend“. Ein wunderbarer Chor! Der Blinde wird nicht eine Stimme davon heraushören können.

Bleiben wir auf der Party. Der Gastgeber bittet zum Buffet. Für jeden Blinden eine unüberwindbare Barriere. Außer, Sie sind damit einverstanden, dass der Blinde mit seinem Tastfinger die Konsistenz der Vor- Haupt- und Nachspeise analysiert, vielleicht nach jedem Eintunken auch abschmeckt. Ja, er wird diese analytische Aufgabe mit Bravour bestehen. Nur wird er sich dabei keine Freunde machen!

Wenn Sie einen Blinden führen oder begleiten wollen, dann krallen Sie sich nicht an seinem Arm fest. Schleifen Sie ihn nicht hinter sich her. Gesunde Blinde laufen ganz normal auf zwei Beinen und bewahren Haltung. Geben Sie ihm die Möglichkeit, dass er an Ihren Ellenbogen anfasst. Sobald Sie sich fortbewegen, weiß der Blinde grundsätzlich, welche Richtung Sie einnehmen. Klugerweise sollten Sie darauf achten, dass Sie den Blinden nicht vor Hindernisse führen. Treppenstufen müssen angesagt werden. Sagen Sie, wenn das Ziel erreicht wurde. Richtungshinweise auf die Position eines Tisches, eines Stuhls oder anderer Dinge sollten genau erklärt werden. Der Hinweis „da“ oder „dort“ sagt nichts aus. Halbherzige Hinweise gehen auch geübten Begleitpersonen hin und wieder über die Lippen. Meiner Frau ist es schon mehrfach passiert, dass sie mir nach dem gemeinsamen Einkaufen auf dem Parkplatz sagte: „So, hier steht das Auto.“

Ich tastete voraus und griff ins Leere. In welcher Richtung stand denn der Wagen? War er links, rechts von mir oder geradeaus? Dann hörte ich das Öffnen der Heckklappe und ich bekam eine Vorstellung davon, wo ich mich befand. Das Auto war tatsächlich nur zehn Zentimeter von mir entfernt.

Ich sehe mir solche Szenen in diesem Augenblick mit dem geistigen Auge von oben an und komme mir dann dabei recht dumm vor – sind Blinde aber nicht!

Zur Ehrenrettung meiner Frau muss ich sagen, dass sie normalerweise meine Hand direkt zum Auto führt und ab da kenne ich jeden Zentimeter des Wagens – innen wie außen.

Schnell wieder zurück zur Party. Bei geübten Gespannen erklärt die Begleitperson, was das Buffet bietet. Der Blinde hält eine Hand am Ellenbogen der führenden Person und

einen Teller in der anderen Hand. Die Begleitperson hat ihre Hände dabei so gut wie frei und kann den Teller des Blinden wie auch den eigenen Teller befüllen. Zurück am Tisch ist es hilfreich, wenn dem Blinden kurz erklärt wird, wo sich die Speisen auf seinem Teller befinden. Dazu benutzt man eine virtuelle Telleruhr. Beispiel: „Das Fleisch liegt auf drei Uhr, der Kartoffelsalat von neun bis sechs und auf zwölf liegt ein Stück Brot mit Kräuterbutter. Das Getränk steht neben dem Teller auf zwei Uhr."
Jeder geübte Blinde kommt dann alleine weiter, bis der Teller geleert ist und das Buffet erneut lockt.
Guten Appetit!

09 Hilfe und Hilfsmittel für den Alltag

Der Markt hat sich längst auf umfangreiche, sinnvolle Hilfsmittel für Sehbehinderte und Blinde eingestellt. Trotz guter Erfolge in der Augenheilkunde leiden hochbetagte Menschen unter degenerativen Prozessen ihrer Sehkraft. Die Zahl Sehbehinderter stagniert nicht, sondern steigt.

Je eher sich die Älteren mit technischen Helfern befassen, umso leichter können sie bei einem größeren Sehverlust ihr Leben souverän meistern.
Ich möchte hier keine Werbung für Produkte betreiben. Produktnamen kommen und gehen. Ebenso tauchen neue Hersteller am Horizont auf, andere verschwinden. Mir geht

es in diesem Buch darum, Hilfsbedürftigen und Interessierten Hinweise zu geben, was heute technisch möglich ist und welche klugen Mittel viele Barrieren überwinden helfen. Wer sich für Produkte aus diesem Beitrag interessiert, der kann bei Google das entsprechende Schlagwort eingeben oder im Hilfsmittelversand die Produkte nachfragen. Im Anhang weise ich auf einige Anbieter hin.

Betrachten wir hier die Möglichkeiten eines blind gelebten Alltags.

Der sprechende Wecker lädt am Morgen in den Tag ein. Die sprechende Waage und das sprechende Blutdruckmessgerät beobachten, ob unser körperlicher Zustand unseren Erwartungen entspricht. Ein Farberkenner sagt, welche Farbe die gewählte Kleidung hat. Die funkgesteuerte, sprechende Armbanduhr erinnert an Termine. Elektronische Leseetiketten geben in der Küche Auskunft, in welchem Behälter Salz, Zucker oder Gewürze befinden. Diese Etiketten dienen selbstverständlich auch der akustischen Wiedererkennung von Medikamentenpackungen, analogen Aktenordnern, Hörbüchern, Musik-CDs und allen Dingen, die Sie individuell etikettiert wiederfinden möchten.

Der Computer kann mit einem Screen Reader bedient werden. Das ermöglicht die Kommunikation per Mail, die heute allgemein üblich ist. Damit sind Blinde beim Schriftwechsel

völlig unabhängig. Post mit Schwarzschrift lässt sich einscannen. Das OCR-Programm arbeitet den Text heraus und das Sprachprogramm liest den Brief vor.
Das sprachgesteuerte Festnetztelefon meldet, ob und wie viele Anrufe eingegangen sind. Es lässt sich per Sprachausgabe ein Telefonregister anlegen. Zum Teil ist das auch bei Schnurlostelefonen mög-lich. Mein altes, tastengesteuertes Handy hatte ein nachträglich installiertes Sprachprogramm namens ‚Talks'.
Viele Smartphones besitzen mittlerweile eine eigene Sprachausgabe. Ihr Multi-Touch-Screen mit Mehrfingergestenerkennung hat eine besondere berührungsempfindliche Oberfläche für die Eingabe von Daten mit Hilfe von Gesten. Da hier keine Tasten zu ertasten sind, entstand bei vielen Blinden zunächst die Sorge, dass der Zugang zu dieser Technik kaum zu überwinden sei. Tatsächlich ist die Anwendung nach kurzer Einarbeitung kinderleicht. Während eine Fingerkuppe über den Bildschirm wandert, gibt die Sprachausgabe an, welches Informations- oder Aktionsfeld gerade berührt wird. Erst wenn der Finger das gewünschte Feld zweimal antippt, wird ein Befehl ausgeführt. Viele Funktionen lassen sich mündlich steuern. Das Smartphone dient nur nebensächlich als Telefon oder dem Austausch von SMS und Mails. Viel wichtiger sind die Informationsquellen des Internets für Bus- oder Bahnverbindungen.
Navigationshilfen verbessern die Mobilität. Das Smartphone hat eine Diktierfunktion und eine virtuelle Tastatur,

um Nachrichtentexte zu verfassen. Extern kann eine Bluetooth-Tastatur angeschlossen werden. So wird das Smartphone zum mobilen Computer.
Die Fotofunktion können Blinde nutzen, um Texte zu scannen, die dann vorgelesen werden. Mit einer entsprechenden APP werden sogar fotografierte Etikettenbilder von Lebensmittelpackungen erkannt und von der Sprachausgabe benannt.
Sprechende Taschenrechner erleichtern die Büroarbeit. Auch Diktiergeräte besitzen mittlerweile ordentliche Sprachausgaben, mit deren Hilfe die umfangreichen Funktionen der modernen Aufnahmetechnik zugänglich geworden sind. Ich verwende das Diktiergerät für Notizen beim Telefonieren. Auch für die Hörzeitung spreche ich Berichte auf. Die hochwertige Tonqualität lässt sogar Musikaufnahmen zu, wenn ich mein Gitarrenspiel und Gesang aufzeichnen möchte. Die Aufnahmen sind als WAV- oder MP3-Dateien wählbar und können anschließend per USB-Kabel zum Computer übertragen werden.
DAISY-Player spielen jede Compactdisc mit Musikdateien ab. Doch sie können viel mehr. Bei Hörbüchern im DAISY-Format kann der Hörer zwischen Buchseiten, Kapiteln, Unterkapiteln und selbst gesetzten Lesezeichen navigieren. Texte im txt-Format werden ebenfalls vom Sprachprogramm vorgelesen.

Nun geht es hinaus.

Der Schlüsselanhänger meldet seine Position auf Pfiff mit einem Tonsignal. Für die Mobilität in fremder Umgebung hilft der Blindenstock. Diesen gibt es in vielfältigen Variationen. In kurzer Form, als Langstock, Teleskopstock und Faltstock.
Aufsteckbare Ultraschallsensoren geben im Bedarfsfall zusätzliche Informationen über Hindernisse. Sobald das Hindernis geortet wird, macht sich das System durch Vibration oder akustisch bemerkbar.
Spezielle Navigationsgeräte können als Leitsystem genutzt werden. Navigationsprogramme gibt es auch für das Smartphone.
Der neueste Navigationsgürtel wird um die Taille getragen. Mehrere Vibrationsflächen geben auf Wunsch die Himmelsrichtung an. Damit ist eine bessere Orientierung möglich. In Ergänzung mit einem Satellitennavigationssystem wird mit Hilfe der jeweiligen Vibration am Gürtel die Richtung angezeigt, in der die Route zum Wunschziel verläuft. Dieser Gürtel hat den Vorteil, dass der Blinde nicht durch akustische Signale abgelenkt wird und beide Hände für den Taststock frei hat. Dieses System soll sogar den Feuerwehrleuten in verqualmten Räumen als Orientierung dienen.
Der ‚Annäherungshut' misst die nähere Umgebung aus, in welcher sich der Blinde bewegt. Mit Hilfe von mehreren Druckstempeln, die je nach Abstand zu einem Hindernis auf die Kopfhaut drücken, kann die Entfernung zu eventuellen

Hindernissen übermittelt werden. Das soll ein besseres Raumgefühl vermitteln.

Der Blindenführhund stellt immer noch die hochmoderne Technik in den Schatten. Er erkennt jedes Hindernis und führt den Blinden problemlos ans Ziel. Er erkennt sogar, ob ein Hindernis, wie zum Beispiel ein Ast, zu tief über dem Gehweg hängt und leitet den Blinden um den Gefahrenbereich herum. Er ist auch in der Lage, Befehle zu verweigern, wenn der blinde Hundeführer eine Situation falsch einschätzt. Übrigens dürfen Blindenführhunde laut Gesetz auch in Lebensmittelgeschäfte mitgeführt werden, da die blinde Person und der Hund ein untrennbares Gespann darstellen.
Assistenz beim Einkauf funktioniert am besten, indem man sich telefonisch anmeldet und einen Termin vereinbart. Während der Stoßzeiten haben Verkäuferinnen und Verkäufer bei knappem Personalbestand kaum die Hände frei. Zum Einkauf muss Geld eingesteckt werden. Für Münzen und Scheine gibt es spezielle Börsen, mit denen sich das Geld gut erkennbar sortieren lässt. Die tastbaren Zeichen der Geldscheine konnten von mir bisher nicht ertastet werden. Da fehlt es mir sicherlich an Talent.

Zur Unterhaltung und Bildung bieten die Blindenhörbüchereien Buchtitel in fünfstelliger Größenordnung an. Anerkannt Sehbehinderte können kostenfrei Mitglied werden und Hörbücher ausleihen. Diese werden ebenfalls kostenfrei versendet.

In den Fernsehprogrammen von ARD und ZDF werden mittlerweile viele Sendungen mit Audiodescription ausgestrahlt. Das heißt, Filme und Beiträge werden zusätzlich von einer Overhead-Stimme beschrieben. Im Bild wir das mit AD ausgezeichnet. Einschalten lässt sich die AD über die Zweikanaltonschaltung. Auf Blinde wirkt ein Fernsehfilm dann wie ein Hörspiel und ist sehr gut nachzuvollziehen. Auch Videofilme sind zum Teil mit AD ausgestattet.

Beratung für Betroffene und Angehörige geben die lokalen Sehbehinderten- bzw. Blindenvereine und -verbände. Viele Hilfsmittel bis hin zum Führhund werden von den Krankenversicherungen bezuschusst oder ganz finanziert. Auskunft gibt die jeweilige Versicherung. Auch der Hilfsmittelversand gibt gute Beratung über solche Zuschüsse. Zum Beispiel sind Blindenstöcke gegen ärztliche Verordnung kostenfrei zu beziehen. Fast jeder Hilfsmittelversand nimmt ärztliche Verordnungen entgegen und rechnet direkt mit der Krankenversicherung ab. Anschriften zu Hilfsmittelversandstellen, Sehbehinderten- und Blindenverbänden sind im Anhang zu finden.

Mit diesem Wissen gerüstet steigen wir im nächsten Kapitel nun gemeinsam in den Alltag blinder Menschen ein …

Kapitel II - Blind gelebter Alltag

01 Gastautorin Karin Klasen

Es ist mir eine Freude, dieses Kapitel mit zwei Texten einer eng befreundeten Autorin zu beginnen.

Karin Klasen, geboren 1955, lebt in Wirscheid in Rheinland-Pfalz. Sie ist Mitglied des Schreibzirkels BLAutor, dem Arbeitskreis blinder und sehbehinderter Poeten, Schriftsteller und Autoren. Neben anderen Publikationen veröffentlichte Karin Klasen 2016 ihr Buch ‚Die Welt der Kobolde', 2017 den Roman ‚Leah vom Planeten Sehnsucht' und 2019 den Roman ‚Asche der Vergangenheit' im Edition Paashaas Verlag. Sie zeichnet sich durch eine geflügelte Sprache aus. Ihre Augen leiden an einer Retinitis Pigmentosa, einer Netzhauterkrankung, die zu einer extremen Einschränkung des Gesichtsfeldes führt und in völliger Erblindung enden kann.

Der Weg in eine hochgradige Sehbehinderung oder Blindheit ist ein extrem traumatischer Prozess. Karin Klasen verarbeitet ihre Trauer um den Sehverlust auch poetisch. Aus den eigenen kreativen Arbeiten, deren Rückschlüssen und neuen Einstellungen zieht sie eine besondere Lebenskraft. Das spiegelt sich in ihren Texten auch in diesem Buch wider.

Blind – jetzt halt anders!

(von Karin Klasen)

Seit vielen Jahren erlebe ich im Frühjahr und im Herbst, dass Kraniche, die Vögel des Glücks, in weiten Bögen über unseren Wohnort ziehen. Durch lautes Trompeten kündigen sie sich an, so dass ich innehalte und lausche. Meinen Kopf im Nacken haltend, drehe und wende ich mich in die Richtung, aus der ich das heisere Rufen höre. Sehen kann ich sie leider nicht, weil sie zu weit oben dahingleiten; trotzdem versuche ich es immer wieder! Jedes Mal wünsche ich den aerodynamischen Gesellen einen guten Weiterflug und sicheres Ankommen an ihrem Ziel.

Obwohl ich hin und wieder gern in statt zwischen meinen Träumen leben würde, habe ich den Vorschlag meines Mannes strikt abgelehnt, die mehrere hundert Kilometer lange Autofahrt zu den Rastplätzen der scheuen Weltenbummler zu unternehmen. Ich war der irrigen Meinung, es lohne sich auf Grund meiner kranken Augen nicht!

Doch eines Tages war meine Sehnsucht nach den Vögeln des Glücks größer als meine hartnäckige Abwehrhaltung.

So stehen wir Ende Oktober mit einem unserer Freunde gegen Abend auf einem der Beobachtungstürme inmitten der Diepholzer Moorniederung. Wie auf einem internationalen Flughafen steuern Tausende von Kranichen nach ihrem luftigen Trip die Flachwasserbereiche im Moor an.

Hier finden sie sichere Schlafplätze für die Nacht, die sie vor Fressfeinden wie dem Fuchs, dem Wildschwein oder dem Waschbären schützen.

In typischer Keilformation, beschreibt mir mein Mann, treffen die Langstreckenflieger hier ein. In den letzten Wochen sind sie mit zirka fünfzig Stundenkilometern zwischen einhundert und eintausend Kilometer weit geflogen. Jetzt haben sie Hunger auf Frösche, kleine Nagetiere, Getreide und Mais!

Der Kranichsturm nimmt kein Ende; immer mehr Schwärme landen um uns herum. Die Stimmen der anderen Besucher überschlagen sich, während sie sich die jeweiligen Positionen der Tiere zurufen.

Das laute Pochen in meiner Brust signalisiert mir, wie aufgeregt ich bin. Wieso nur kann ich keine einzige der grauen Schönheiten erkennen?

Immer lauter erfüllt vielstimmiges Trompeten das weite Moor, die Luft und die ganze Welt um uns herum. Liebend gern lasse ich mich von diesem magischen Gefühl einhüllen wie in einen Zaubermantel. Es ist ein Schwirren, ein Rauschen und heiseres Rufen. Alles scheint in Bewegung, und ich bin mitten in diesem Spektakel!

Dankbar und voll Hoffnung, die großen Schreitvögel doch noch sehen zu können, nehme ich diverse Ferngläser an und versuche krampfhaft, hindurchzusehen. Doch alle Versuche, die ich wie unter Zwang durchführe, scheitern – ich bin fassungslos!

Müde und erschöpft vom hektischen Nichtwahrhabenwollen, von Versuchen, zu tun, was nicht mehr möglich scheint, gebe ich auf.

Es folgen Tage, die mit weiteren erfolglosen Anstrengungen, die Flugkünstler sehen zu können, ausgefüllt sind. Jedoch übt die mystische Macht der Moore, durch die wir wandern, einen ganz besonderen Reiz auf mich aus und spült Tränen der Fassungslosigkeit und Trauer hoch. Es gelingt mir gut, sie vor meinen Begleitern zu verbergen; nur

wenn ich allein bin, lasse ich ihnen freien Lauf. In einem der Nachbarorte verläuft eine herrliche Allee. Bäume, wie Säulen mit tief gefurchter Rinde, an die ich meine heiße Stirn lehne, scheinen mir von ihrer Kraft abzugeben, und ich kann ein wenig Glück spüren! Gleichzeitig beginnt sich ein neues Gefühl in mir auszubreiten; eines, das mich stärkt und von der eingebrannten Überzeugung um jeden Preis sehen zu müssen, zu befreien versucht.
Wie an jedem Abend warten wir auch heute wieder im Moor auf meine gefiederten Lieblinge. Mit einem Mal, beinahe revolutionär, weiß ich, dass ich nie wieder ein Fernglas brauchen werde! Ich will die Welt, meine Welt, auf eine andere, viel bewusstere Weise wahrnehmen – und meine Sehnsucht nach dem Unerreichbaren nimmt ab!
Ich schließe meine Augen und beginne zu „sehen“, wie es mir möglich ist: den würzigen Geruch des Moores, den ich so liebe, die in Scharen einfliegenden Tiere und die noch immer wärmenden Strahlen der untergehenden Sonne. Das laute Geschwätz der anderen allerdings nervt außerordentlich und stört meine Konzentration. Irgendwie kann ich die Tiere auch erspüren. Meine tiefe Trauer um einen weiteren Sehverlust lässt nach; gibt es doch noch so viel zu „sehen“!
Auch dieser Sinnesrausch treibt mir die Tränen in die Augen, aber dieses Mal fühlen sie sich befreiend an. Es sei der kühle Wind, behaupte ich kühn, als ich darauf angesprochen werde, und bin stolz auf mich!
Es kommt mir jetzt doppelt zugute, dass ich mich schon seit geraumer Zeit mit dem Leben der Kraniche auseinandersetze. Ich habe im Internet gestöbert und mit dem NABU und dem Naturpark Dümmer Kontakt aufgenommen; habe

mir immer wieder Artikel über diese erstaunlichen und störempfindlichen Tiere angehört. Und so kann ich die einfliegenden Berühmtheiten, die sich gleich zwei Mal im Jahr auf große Reise begeben, mit geschlossenen Lidern vor mir „sehen".
Ich weiß, dass die Farben des Moores sich um diese Tageszeit mit denen der Tiere malkastenartig vermengen; weiß, dass sich ihre Konturen verschwommen im aufsteigenden Nebel abzeichnen. Nur flüchtig gibt er Bilder frei, nimmt sie und verwischt sie wieder.
Schlank und langbeinig stolzieren die beeindruckenden Vögel vorsichtig ein paar Schritte, bis sie schließlich ruhiger werden. Währenddessen dippen sie mit ihren langen Schnäbeln ins seichte Wasser. Dabei heben sie ständig wachsam ihre schönen Köpfe, auf denen die federlosen Kopfplatten rot leuchten. Während die nächsten Schwärme näherkommen und schwungvoll ihre Kreise über uns ziehen, gleiten andere, ihre Flügel noch in voller Spannweite ausgebreitet, elegant in die windgekräuselten, flachen Gewässer des Moores. Nicht der kleinste Zusammenstoß sorgt für Aufregung. Ein Superlativ der Natur! Ich kann sie vor mir sehen, die schlanken, flügelschlagenden Silhouetten dieser Lufthoheiten. Nach gekonnter Landung schreiten auch sie hochbeinig wie anmutig umher, bis sie ihren Schlafplatz gefunden haben.
Ihre herrlichen Schmuckfedern, die während ihres Fluges als Flügelspitzen dienen, würdevoll in Pose setzend, lassen sie sich in gebührendem Abstand von rund 300 Metern bewundern. Und während ich noch, unterstützt von ihren Rufen, in meinen Seherinnerungen schwelge, bedauert mein Mann, dass er nichts mehr sehen kann, weil Dunkelheit und

Nebel sämtliche Tiere und die Landschaft verschluckt haben.
Morgen, noch vor Sonnenaufgang, werden die Schönen wie jeden Tag während ihres Zwischenstopps hier im Moor zu den abgeernteten Feldern fliegen, um ihre Fettreserven aufzufüllen. Wenn dann die Luftströme der kalten Nordwestwinde zunehmen, nutzen sie, gut genährt, deren Aufwinde, um ihre abenteuerliche und kräftezehrende Reise fortzusetzen; eine Multimedia-Show beginnt. Nach einem, durch lautes Rufen geordneten Abflug, zieht es die grauen Schatten in südliche Länder, wie die Ex-tremadura in Spanien, Frankreich oder auch Afrika.
Den **unstillbaren** Anteil meiner Sehnsucht, so scheint mir, nehmen sie mit! Meine Augen werden sich nicht mehr hin zum Besseren verändern können, das habe ich tief in mir begriffen. Doch meine Lebenseinstellung dazu, die ist veränderbar!

02 Sch(l)üsselerlebnis

Mutig organisiere ich einen Salat zum Mittagessen. Ein waghalsiges Unterfangen, denn die Küche, zwar längst mit meinen Launen vertraut, kommt mir immer fremder vor. Trügerisch und ordentlich aufgeräumt, lockt sie mich zu neuen Taten. Ein unwegsames Gelände scheint sie heute nicht zu sein, und wieder etwas Leckeres zuzubereiten ist eine verführerische Vorstellung. Lächerlich die Angst, mir könnten schon wieder gravierende Missgeschicke zustoßen. „Du hast sie doch nicht mehr alle, sei nicht so

unentspannt!“, meinte eine Bekannte kürzlich, als ich ihr erzählte, einen Stapel Teller zerdeppert zu haben. Beim Umdrehen nämlich, war ich gegen eine Türzarge gedonnert. Die musste sich, praktisch über Nacht, einen anderen Standort gesucht haben. Wie verstreutes Konfetti lagen die zersplitterten Scherben auf dem Boden. Was für ein Schlamassel!
Heute werde ich fraglos noch langsamer arbeiten, die wohl beste Methode eine Karambolage zu vermeiden.
Es ist die überfallartige Hektik, die mich Fehler machen lässt; besonders in der Küche, die im Englischen so treffend „Kitchen“ heißt. Alle anderen Räume sind da nachsichtiger mit mir und meinen Möglichkeiten.
Ich brühe mir also eine frische Tasse Kaffee auf, von dessen unwiderstehlichem Duft ich mich berauschen und von seinem Koffein dopen lasse. Motiviert und mit einem Seufzer der Erleichterung, beginne ich anschließend alle Zutaten bereit zu stellen. Um möglichst sicher zu sein, kein Schmutzkrümelchen zu übersehen, wasche ich Blatt für Blatt sorgsam unter fließendem Wasser und gebe es ins Abtropfsieb. Damit beim späteren Anrühren möglichst nichts danebengeht, wähle ich eine größere Schüssel, als es die Menge der Blätter erfordert. Soße anrühren, frische Kräuter hinzu, Salatbesteck hinein. Nun bloß noch die Blätter zupfen – Kleinigkeit. Beflissen sehe ich sie mir, so gut es mir möglich ist, alle noch einmal an. Alles gut, nichts übersehen, ich bin mit mir zufrieden. Die Chancen auf ein

Gelingen stehen gut. Während ich die mundgerechten Blattteile in die Soße gebe, beginne ich zu entspannen; nichts deutet auf ein Misslingen hin. Na also, klappt prima! Plötzlich knallt es neben mir. „Manfred?“, frage ich. Keine Antwort, komisch. Erst als ich die nächste Ladung der Salatschnipsel in die Schüssel geben will, diese jedoch nicht ausfindig machen kann, dämmert es mir. Ich muss gegen das Salatbesteck gestoßen sein, und die blöde Schüssel ist, der Schwerkraft folgend, zu Boden geknallt. Sofort bin ich auf Betriebstemperatur. Wie kann man nur so blöd sein? Habe ich denn nichts Besseres zu tun? Was hab ich jetzt wieder angestellt? Am besten, ich versuche es gar nicht mehr!

Währenddessen sucht die Salatsoße träge nach Ritzen im Laminat-Boden. Mit stark ramponiertem Selbstbewusstsein stakse ich vorsichtig, die ölhaltige Flüssigkeit jedoch treffsicher findend, einen Schritt vorwärts. Das Aufräumen wird ein hartes Stück Arbeit und nimmt mehr Zeit in Anspruch, als die Zubereitung eines kompletten Mittagessens. Nein, so geht es nicht mehr. Werden meine Küche und ich eine gemeinsame Zukunft haben? Wie viele Chancen bekomme ich noch? Auf mein Sehen ist halt kein Verlass mehr – als wüsste ich das nicht längst!

Eine aberwitzige Figur gebe ich ab, als ich erfindungsreich, mit einer Kleenex-Rolle bewaffnet, über den Boden pflüge und zu ertasten versuche, wo sich weitere Salatsoßen-Pfützen befinden.

Nur den Bruchteil einer Sekunde nicht aufgepasst – ich bin an meinem Limit angekommen! Am liebsten würde ich mich in den hintersten Winkel des Hauses verkriechen. Dennoch gebe ich mir alle Mühe, die glibberigen Spritzer zu eliminieren. Deutlich spüre ich, dass solche oder ähnliche Erlebnisse keineswegs banale Feinheiten oder gar Kleinigkeiten sind, sondern schmerzlicher Ernst!

War ich wieder zu schnell unterwegs? Immer noch? Gegenüber früher bin ich lediglich in abgespeckter Form tätig. Einschlafen würde ich, zöge ich mein Tun noch weiter in die Länge. Ich habe schließlich nicht alle Zeit der Welt – oder doch?

Meine Chance könnte zunächst darin bestehen, mein Tempo weiter zu reduzieren, damit ich mich während der fortschreitenden Erblindungsphase meinem Kontext angemessen verhalten kann.

Ich will dieses bedrohliche Scheppern und Knallen nicht mehr hören!

Will nicht, wie nach der Nadel im Heuhaufen nach etwas suchen müssen; nicht in einer akustischen Wolke orientierungslos umhertappen und nichtsahnend mit Gegenständen kollidieren.

Gibt es am Ende sogar Tricks und Kniffe, die ich anwenden könnte, um mich nicht nur als Gast in meiner Küche zu fühlen? Mir kommen berechtigte Bedenken, wenn ich an all den fallsüchtigen Krempel denke. Was kann ich tun, um Verletzungen zu vermeiden? Muss ich zukünftig

Sicherheitsabstand zu allem Zerbrechlichen halten? Bin ich unmöglich?
Ich habe kein Gefühl für diese, sich derart oft verändernden alltäglichen Herausforderungen.
Als Technik-Looserin ist die Vorstellung für mich horrormäßig, all die schon erlernten Handgriffe am PC neu erlernen zu müssen; wenn ich nicht mehr ohne einen Screenreader, ein spezielles Programm, das blinden Menschen vorliest was auf imaginären Bildschirmen zu sehen ist, zurechtkommen kann, ist das unausweichlich. „Hilfsmittel", denke ich misstrauisch und spüre wie ich innerlich blockiere. Es muss ja nicht gleich alles auf einmal bewältigt werden, sage ich mir tapfer. Warum nur stelle ich mich so an? Ich könnte mich doch darum kümmern, an einem LPF-Training/Lebenspraktische Fertigkeiten teilzunehmen. Auch dieser Gedanke ist befremdlich! Sicherlich könnte ich dazu- und umlernen. Aber meine Freude darüber steht noch im Tarnanzug „Argwohn" da.
Dennoch möchte ich mehr als nur aus- oder durchhalten. Genau! Ich möchte einchecken in mein neues, sich ständig veränderndes Leben!

03 Kakophonie

Das, was Karin Klasen als Missgeschick beschreibt, ist leider blindentypisch, und so schließe ich mich mit einer Anekdote über ein selbst erlebtes Missgeschick an …

Wer als Blinder keine Ordnung hält, findet nichts wieder. Am hilfreichsten ist es, wenn jeder Gegenstand grundsätzlich an seinen festen Platz zurückgestellt wird. Das verhindert, dass volle Kaffeetassen vom Schreibtisch gefegt werden oder Flaschen umfallen. Alles schon dagewesen!
Ich bin ein Hobbygitarrist. Zwei meiner Gitarren hängen in der Schreibstube in ihren Halterungen an den Wänden. Absolut sicher vor blinden Füßen! Doch ich benutze hin und wieder auch Gitarrenständer, die auf dem Boden stehen. Für noch mehr Gitarren. Ich merke mir auch genau, wo ich diese hinstelle. Ein Crash wäre fatal. Jeder Gitarrist weiß, dass jede Schramme an der Gitarre als persönliche und schmerzhafte Verletzung wahrgenommen wird. Wunden, die im Gegensatz zur menschlichen Haut nicht heilen.

Ich schreibe, recherchiere gerade im Internet. Telefoniere. Plötzlich schellt jemand Sturm. Meine Frau ist nicht da. Also eile ich zur Tür. Ich kann mir das Eilen erlauben, da ich in meiner Wohnung jeden Zentimeter kenne und souverän durchschreite. Noch bevor ich die Türklinke perfekt mit einem Griff ertaste, erzeugen die Klingel vor mir und ein schräger Gitarrensound hinter mir eine unangenehme Kakophonie. Die Türklingel läutet erneut Sturm. Ich betätige den elektrischen Türöffner und horche ins Treppenhaus. Ein Paketzusteller stapft schwer pustend die Stufen hinauf und stellt mir etwas vor die Füße. Als er wieder Luft

bekommt, fragt er freundlich: „Nehmen Sie das Paket für Ihren Nachbarn an?“
Mit deutlich erhöhtem Puls leiste ich diese Nachbarschaftshilfe. Da „der Blinde“ häufig zu Hause ist, werden gern Pakete bei mir zwischengelagert. Ich schiebe diese verwunschene Lieferung zu den anderen, unterschreibe blind und schließe die Tür.

Vorsichtig betrete ich meine Schreibstube. Meine Erinnerung erwähnt, dass ich in der Eile mit dem Fuß an ein Bein des Gitarrenständers gestoßen bin. Nur ein bisschen. Ein bisschen zu viel! Meine schriftstellerische Fantasie malt einen Scheiterhaufen aus Holzstücken und Nylonsaiten vor meinem geistigen Auge. Ich taste mich kniend auf dem Teppich bis zur ‚Umfallstelle‘ vor, da ich ja genau weiß, wo die Gitarre bis zu dem verdammten Klingeln gestanden hatte. Oder steht sie doch noch? Nein, mein analytisches Gehör hat sich nicht getäuscht. Die edle Fichtendecke des Resonanzkörpers ist quer über die Metallkante des Rollenfußes vom Schreibtischstuhl gekratzt. Nein, am Schreibtischstuhlfuß ist keine Macke zurückgeblieben!

Mit besonders viel Freude überreiche ich dem Nachbarn am Abend sein Paket. Er bedankt sich knapp und kündigt an, dass da in den nächsten Tagen noch mehr käme.
Als meine Frau nach Hause kommt, zeige ich ihr die schwer verletzte Gitarre. Sie tröstet mich, dass die Macke

eigentlich kaum zu sehen sei. Ich behaupte, dass mein sensibler Tastsinn dort eine tektonische Erdspalte entdeckt hat.

Vor einigen Jahren hätte meine Frau an dieser Stelle noch ergänzt: „Du wusstest aber, dass das Instrument dort steht. Du hast es doch selbst dort hingestellt."
Nein, solche Sätze tut sie mir heute nicht mehr an. Sie weiß, dass Blinde sich gerade unter Stress nicht auf alles gleichzeitig konzentrieren können und die Unfallgefahr dann deutlich steigt.

04 Kithara

Um meine beleidigte Gitarre zu versöhnen, widmete ich ihr dieses Gedicht!

Hermes war ein Götterbote,
kannte zwar noch keine Note,
doch er schuf ein Instrument,
das Kithara wurd' genannt.

Es war ganz anders als Pans Flöte,
sein Corpus stammte von der Kröte.
Für Saiten nahm er Rinderdarm,
was allen Göttern fremd vorkam.

Der schöne Musen-Gott Apoll
fand das Instrument ganz toll.
Er griff beherzt in dessen Saiten,
Pans Flöte durfte ihn begleiten.

Die Kithara, das ist klar,
ähnlich einer Leier war.
Doch mit dem Erfinderdrang
entstand schon bald ein neuer Klang.

Ein Griffbrett wurd' zum langen Hals,
der Schalen-Corpus war aus Holz,
die Decke stammte von der Fichte;

die Bauart machte bald Geschichte.

Zur Tonabstufung gab's noch Bünde,
Auch das Zedernholz klang gut...
Das Holz, arabisch, hieß „al ud".
Französisch ‚Luth' und englisch ‚lute'
entstand zu Deutsch alsbald die ‚Laute'.

Sie spielte auf zu jedem Tanz,
verlieh dem Minnesänger Glanz.
Aus diesen Lauteninstrumenten
wieder neue dann entstanden.

Mandolinen tremolierten,
Bouzouki, Sitar musizierten.
So nahm die Laute ihren Lauf,
zog ständig neue Saiten auf.

Wenn ich Entspannung finden will,
dann geht das beim Gitarrenspiel.
Ich zupf' und schließ' die Augen zu,
versink' in innerlicher Ruh',
entferne mich von Zeit und Raum,
tauch' ein in Harmonie und Traum.
Ich fühle, wie die Alten fühlten,
wenn sie die Kithara spielten.
Hör sie lachen und sie singen,

so wie frohe Menschen klingen.

[Fazit:]
Des Menschen Erbe bestes Stück
ist Harmonie durch die Musik!

Der Spieler nutzte beide Hände.
Zum Anschlag gab's den Federkiel
und fertig war das ganze Spiel.

Viele Menschen erlernen im Laufe ihres Lebens Meditationsübungen, um einen Ausgleich zum alltäglichen Stress zu finden. Ich habe Entspannungsübungen nach ‚Jacobsen' ausprobiert und halte diese Techniken für nützlich. Doch die intensivste Entspannung finde ich immer noch beim Musizieren. Während des autogenen Trainings oder routinierter Qigong-Übungen spüre ich oft, dass meine Gedankenkarawane darauf drängt, den Weg des inneren Friedens zu verlassen. Üble Themen sind ja viel interessanter und können unendlich oft durchgekaut werden.
Mir ist es nicht möglich, ein Lied zu singen, gleichzeitig Gitarre zu spielen und dann noch Probleme im Kopf zu wälzen. Und so geschieht es, dass sich meine Gedanken während des Musizierens mehr und mehr von den Alltagssorgen lösen und an einer harmonischen Stimmung teilnehmen.

Es gibt aber auch Situationen, in denen dieses Instrument meine Geduld auf die Zerreißprobe stellt. Das ist dann der Fall, wenn ich bei der zwölfsaitigen Gitarre neue Saiten aufziehe. Bei dieser Arbeit setze ich grundsätzlich meine Sonnenbrille auf, nicht weil das besonders cool aussieht, sondern um meine Augen zu schützen. Die dünnen Saiten haben nur einen so geringen Durchmesser, dass diese bei Älteren nur mit der Lesebrille sichtbar sind. Beim Aufziehen macht sich schon mal das Ende einer Saite selbstständig, und das kann ins Auge gehen. Wenn ich die Saiten einfädele, steche ich mir fast immer wenigstens einmal in die Fingerkuppen. Die Saiten werden am Steg mit Kunststoff-Stöpseln gesichert. Wenn diese nicht richtig sitzen, dann fliegt so ein Stöpsel gerne wie ein Geschoss heraus. Auch hier hilft die Sonnenbrille. Fliegt der Stöpsel jedoch am Kopf vorbei, hilft die Sonnenbrille nicht mehr. Dann darf ‚der Blinde' wieder auf allen Vieren die gesamte Schreibstube absuchen, bis er fündig wird. Sind endlich alle Saiten gespannt, dann entspannen sich auch die Nerven.

05 Blinde müssen sich vor Haushaltsaufgaben nicht drücken

Wer als blinder Mensch alleine seinen Haushalt führt, kommt um diese Aufgabe sowieso nicht herum. Ich habe das große Glück, dass meine sehende Frau die meisten Haushaltsaufgaben übernimmt. Das liegt nicht daran, dass ich nicht hilfsbereit oder in der Aufgabenteilung unfair bin, sondern weil sie bewusst Barrieren schafft.

Auf allen Fensterbänken, Schränken und Vorsprüngen stehen kleine Staubfänger, denen ein blind geführter Putzlappen längst Beine gemacht hätte. Zu Ostern oder Weihnachten erobern diese Staubfänger sogar weite Bodenflächen. Ich habe nicht nur einmal aus Versehen irgendeinem Keramik-Osterhasen auf den Stummelschwanz und einem Stoff-Nikolaus vor den Sack getreten. An jedem Schrankschlüssel baumelt etwas herum und wer weiß, was aus den höheren Zimmerecken alles hämisch auf mich herab grinst.

Meine Schreibstube putze und sauge ich natürlich selbst. Mal ganz unter uns: Wären die Flächen außerhalb meines Büros sehbehindertengerecht zum Putzen freigegeben, so hätte ich weniger Zeit zum Schreiben …

Vor unserer Wohnungstür ändern sich die Dinge. Hatte ich meiner Frau in jungen Jahren den Hof gemacht, so mache ich heute wenigstens noch die Treppe.

„Wie, Sie putzen die Treppe?“, fragte mich einmal ein Nachbar, der gerne kluge Fragen stellt. „Sie sehen doch gar nicht, ob die Stufen richtig sauber werden.“

Mit Schmunzeln stellte ich die Behauptung auf: „Ich putze als Blinder deutlich besser als alle Sehenden, die hin und wieder ihre Putzwoche vergessen!“

Meine Frau hat mir eine Einweisung in die Bedienung des Wäschetrockners der Hausgemeinschaft gegeben. Dieser hat gut ertastbare Knöpfe, einen Drehregler für die Programme und ist leicht zu handhaben. Das Gerät befindet sich in einem allgemein zugänglichen Kellerraum unseres Mehrfamilienhauses. Die Tür zum Trocknerraum ist nicht weit von der Kellerausgangstür entfernt, die direkt zum Parkplatz führt. Viele Mitbewohner passieren zwischen Treppenhaus und Parkplatz den Durchgang vor dem Trocknerraum.

Im November wird es recht früh dunkel. Da ich nicht mehr wahrnehme, wann es hell oder dunkel ist, vergesse ich im Winter häufig, bei meinem Weg durch das Treppenhaus und in den Kellergängen das Licht einzuschalten.

Wenn der Trockner durch die Wäsche anderer Nachbarn besetzt ist, dann können sich die eigenen Trockneraktionen auch bis in die späteren Abendstunden erstrecken.

Endlich ist auch unsere Wäsche fertig. Ich stelle das Gerät aus und öffne das Bullauge. Frisch duftende Frotteehandtücher quellen mir entgegen. Vor der Maschine steht mein Korb, damit nichts zu Boden fallen kann. Handtuch um Handtuch ziehe ich heraus, schlackere es einmal aus und falte es auf dem Trockner ordentlich zusammen. Stück für Stück erhöht sich mein Handtuchstapel auf dem Nachbartisch. Völlig auf meine Falttechnik konzentriert, achte ich nicht auf Nebengeräusche. Eigentlich ist es um diese Zeit auch still im Keller, für manche Bewohnerin und manchen

Bewohner um diese Uhrzeit sogar unheimlich still. Wieder knallt beim Ausschlackern mein nächstes Handtuch.
„Hab‘ ich mich jetzt erschreckt!“, ruft eine Stimme und holt panisch Luft.
Der Schreck ist auch auf meiner Seite. Ich wäre fast kopfüber in den Trockner gestürzt. Meine Nachbarin tastet im Kellerdurchgang hektisch nach dem Lichtschalter. Endlich findet sie ihn und macht sich Licht. Sie fragt, immer noch nach Atem ringend, durch die offenstehende Trocknerraumtür: „Wieso machst du dir kein Licht?“ Da ihr meine Blindheit bekannt ist, bemüht sie sich um ein Lächeln und ergänzt: „Okay, okay, aber mir ist das Herz fast in die Hose gerutscht.“
Wir müssen beide lachen und haben von nun an eine Anekdote mehr zu erzählen.

Ergänzend möchte ich erwähnen, dass ich eigentlich zu den Abend- und Nachtstunden im Treppenhaus und Keller das Licht immer einschalte. Es muss ja nicht sein, dass ein Sehender wegen mir einen ‚Herzkasper‘ erleidet. Die Situation wird aber dadurch verschärft, dass unsere Flurbeleuchtungen sich nach einigen Minuten automatisch abschalten und ich das nicht merke. Wenn es nach mir ginge, könnte natürlich eine Menge Strom gespart werden. Damit drängt sich die provokante Frage auf, ob nicht etwa Sehende ihrerseits bei völliger Dunkelheit den Status einer Behinderung haben.

06 Aufbruch (von Karin Klasen)

Mein persönlicher Lebens-Achttausender ist keine sinnentleerte Wortschöpfung, sondern eine, wie ich finde, gute Metapher für ein erstrebenswertes Ziel. Scheinbar unzugänglich und nicht erforscht, liegt es unter der Überzeugung „Das schaffe ich nie!" verborgen.

Seit geraumer Zeit bin ich jedoch beharrlich auf meiner Pilgerreise zum Gipfel meines „Achttausenders". Sorgsam suche ich nach geeigneten Trittstellen und anderen Möglichkeiten, den benötigten Halt zu finden.

Das Zufriedensein scheint mir ein unerschöpflicher Brunnen des Glücks zu sein; ein sicherer Halt ist es sowieso. Ich möchte zufrieden sein können, obwohl ich mich im schmerzlichen und verlustreichen Prozess der Erblindung befinde!

Kein Verstellen mehr, keine Rituale, die sich wie Parasiten in mir eingenistet hatten, um mir selbst und den anderen etwas vorzugaukeln, was nicht mehr ist. Keine ranzig gewordenen Gewohnheiten. Möglichst gar nichts mehr, das sich nicht gut und richtig anfühlt! Bloß nicht mehr in den alten Trott zurückfallen.

Ich möchte, dass meine Gedanken hin und wieder schweigen, so dass ich ausschließlich eine tiefe innere Ruhe spüre. Vage hoffe ich sogar darauf, Frieden zu fühlen; eine Kostbarkeit des Lebens!

Zuversicht und Hoffnung sind sichere Trittsteine auf meinem Weg, auf denen ich festen Halt finde und die mich zügig weitergehen lassen.

Sämtliche Grenzen, psychische wie physische, haben sich verschoben. Ich werde sie neu ausloten und respektieren, statt sie zu ignorieren. Gewohnheiten und lieb gewonnene Marotten muss ich überdenken und neu definieren.

Was kann ich besser machen? Wie die unausweichlichen Veränderungen ertragen? Wie kann ich meinen Alltag leichter bewältigen? Kann ich das gewohnte zügige Abarbeiten der Dinge abstellen, vielleicht sogar die eine oder andere Verpflichtung weglassen? Nicht mehr mehrere Tätigkeiten gleichzeitig tun, kann ich das? Schaffe ich es, meine neuen Maßstäbe zu erkennen, um sie in mein Leben zu integrieren?
Kann ich aushalten, was nicht zu ändern ist?
Bei diesen Gedanken beginnt mein Trittstein zu wackeln. Bestimmt ist es besser, nicht schon im Voraus sämtliche Neuerungen infrage zu stellen. „Nicht das Misslingen erwarten, Karin“, sage ich mir und „im Basislager bist du schon heil angekommen.“
Ich beginne meine bisherigen Strategien gründlich zu entrümpeln, damit ich ausreichend Platz für neue Ideen habe. Ganz oben auf der Entrümpelungsliste steht die Schnelligkeit, das Hetzen. Ich will nicht mehr durch meinen Perfektionismus durch die Tage gepeitscht werden! Will nicht unbedingt und um jeden Preis einen vermeintlichen Erfolg erreichen. Oft stelle ich mich auf die Probe und versuche mit aller Kraft, ja sogar mit Gewalt, dass nicht mehr Mögliche zu schaffen. Außer einer unbändig erdrückenden Trauer kann ich keine Regung in mir wahrnehmen. Nicht gerade vertrauenserweckend!

Dabei brauche ich regenerierende Kräfte, um meine umfangreichen Veränderungen herbeizuführen; schließlich will ich mehr als nur überleben!
Die seelische Expedition ist jedoch kräftezehrend! Meine Belohnung wird die Anstrengung leicht wettmachen. Ich beginne mir vorzustellen, wie gut und sicher ich mich trotz meiner drohenden Erblindung fühlen werde; und schon gewinne ich Energie!
Von Mut und beruhigender Zuversicht flankiert, werde ich mein Ziel erreichen, und gewiss die blinden Passagiere Hektik, Unzufriedenheit, Unruhe und Verzweiflung, um nur einige zu nennen, meinen Lebens-Achttausender hinunterstoßen. Von mir aus können sie sich in Erinnerungen auflösen.
Ich hoffe, mein Leben wird ruhiger sein, wenn ich erschöpft aber glücklich an meinem Ziel ankomme.

Ich kenne viele mutige Menschen, die ihren Lebens-Achttausender – oder wie immer sie ihre Leistung, sich neu zu definieren nennen mögen – bewältigen. Um nicht für immer in irgendeiner Gletscherspalte zu versinken, oder durch Orientierungslosigkeit verloren zu gehen, darf ich mein Ziel nie aus dem geistigen Auge verlieren; schließlich will ich nicht im Wirbel der auf mich einstürmenden Ereignisse den Halt unter den Füßen verlieren. Also sichere ich meinen Aufstieg durch die Steigeisen Beständigkeit und Optimismus.
Erschwerende Lebenssituationen haben mich nicht zerbrochen, sondern zäh und ausdauernd werden lassen; haben außergewöhnliche Kräfte in mir freigesetzt. Gut eingebunden in die Seilschaft Willenskraft und Ausdauer werde ich

meinen Weg zum Gipfel-Ziel finden! Hin und wieder spüre ich auch eine Kameradin in mir, die mich leidenschaftlich am Schlafittchen, packt um mich aus irgendeinem Schlamassel zu ziehen.

Derart gut gerüstet werde ich auf meinem Lebens-Achttausender ankommen!
Na dann: „Berg Heil!"

07 Neue Wege finden - (von Karin Klasen)

Viel Mut und einen kräftigen Ruck der Überwindung habe ich gebraucht, um wertvolle Möglichkeiten erkennen und umsetzen zu können. Damals nahm ich im Rahmen einer Umschulung an einer Wanderung für blinde und sehbehinderte Menschen teil. Mit der beruhigenden Überzeugung, dass alle Wegstrecken entsprechend, also breit und nicht sehr holprig ausgesucht würden, schloss ich mich neugierig dieser Gruppe an.
Unser versierter Wanderführer, der gleichzeitig auch für die psychische Unterstützung während unserer Umschulungsmaßnahmen, des Trainings mit dem Langstock und der Akzeptanz für eine eigene Wertschätzung zuständig war, sah das jedoch vollkommen anders. Selbstverständlich war jederzeit für eine ausreichende Sicherheit gesorgt, doch das war zumindest für mich, visuell nicht immer deutlich.
Nach einer Weile des Wanderns und des miteinander Plauderns wurden die Wege, beinah unmerklich, schmaler und holpriger. Allmählich verstummte unser Geplapper und alle konzentrierten sich auf ihr Tun, den Tastsinn, auf den im

übertragenen Sinn, Lebensweg. Klug beschrieb unser Wanderführer währenddessen ausführlich die herrliche Landschaft, durch die wir gerade wanderten. Auf diese Weise spürte ich eine gewisse Entspannung in meinen tastenden Füßen und besann mich wieder auf mein Oben.

Während einer Rast, jeder von uns hatte einen Rucksack mit Getränken und Essbarem dabei, setzte ich mich so, dass die Sonne mein Gesicht wärmte. Zu diesem Zeitpunkt wurde auch wieder geredet, gefragt und geantwortet. Doch ich fühlte etwas Neues in mir, etwas, das ich zunächst nicht in passende Worte fassen konnte. Beim Weitergehen spürte ich, dass all meine Sinne hellwach waren. Ich wollte so viel von der Landschaft und meinen Möglichkeiten wahrnehmen wie nur irgend möglich. Dann beschrieb uns der Leiter eine kleine Schlucht, die ein paar Meter entfernt in der Erde klaffte. Scheinbar beiläufig fragte er in die Gruppe, ob sich jemand zutraut, mit ihm zusammen diese gravierende Herausforderung zu durchsteigen.
Sprachlos vor Staunen versuchte ich mit meinem Sehrest in die Schlucht zu sehen. Aber ich sah nur – und das im wahrsten Sinne des Wortes – schwarz.
Die meisten aus unserer Gruppe lehnten dieses Wagnis ab. Aber drei voll erblindete Menschen erklärten sich dazu bereit! Sie waren sogar froh, ihr Können erneut unter Beweis zu stellen. Mein Herz pochte laut und meine Beine begannen zu zittern. Doch ich wollte auch mit; wollte diese Herausforderung als Chance wahrnehmen. So aufgeregt war ich nicht einmal vor meinem Examen. Das Durchklettern der Schlucht bedeutete für mich viel mehr, das spürte ich deutlich.

In allen Einzelheiten beschrieb unser Wanderführer nun den Abstieg, während die restliche Gruppe auf flachen, ebenen Wegen zu einem späteren, gemeinsamen Treffpunkt wanderte. Zuerst stieg unser Anführer in die Schlucht. Ich folgte ihm und lernte dabei, einem anderen Menschen vollkommen zu vertrauen. Mir war zumute, als hörte die Zeit auf zu atmen.
Er setzte zuerst meinen rechten, dann meinen linken Fuß auf eine trittsichere Stelle, so dass ich ein Stück weiter nach unten kam. Ich tat es ebenso mit dem mir nachfolgenden Teilnehmer. Dieser wiederum mit dem Nächsten und so weiter. Während dieser ungeheuer hohen Konzentration wurde uns erklärt, dass wir soeben an einer verlassenen Bärenhöhle angekommen waren. Die mochte ich allerdings nicht auch noch abtasten; ich fand mein Abenteuer durchaus aufregend genug. Langsam und behutsam ging es Tritt für Tritt weiter, bis wir endlich wieder festen Boden unter den Füßen spürten.

Ob es nun das Entladen der aufgestauten Anspannung oder die unbändig intensive Freude war, die mich gleichzeitig zum Weinen und Lachen anregte, weiß ich nicht. So fassungslos war ich über meinen Mut, mein Vertrauen in andere und die Möglichkeiten, Taten zu vollbringen, von denen ich zuvor nicht zu träumen gewagt hatte.
Meinen Mitstreitern erging es ähnlich und als die restliche Wandergruppe eintraf, bestaunten auch sie unseren Mut.

Nach diesem anstrengenden und aufregenden Tag hätte ich doch gut schlafen müssen; aber nein, davon war ich weit entfernt. Viel zu aufgewühlt, zu erstaunt und zugleich

zu neuen Taten ermuntert fühlte ich mich. Dieser Tatendrang hält bis heute an.
Es war für mein weiteres Leben von großer Bedeutung staunend zu erkennen, was ich zu leisten vermag. Auf der einen Seite war da mein Freund, der Langstock, ohne den ich mich nicht mehr in den Straßenverkehr traute; auf der anderen klaffte eine schier unüberwindbare Schlucht, die ich, wenn auch mit helfender Unterstützung, durchstiegen hatte.

Ich bin also mittendrin – mittendrin im Leben, mit all seinen Schluchten und Hürden! Durch meinen Mut zum Wagnis lernte ich, neue Wege zu finden und gewann so Vertrauen in mich und meine Möglichkeiten.
Wann immer ich heute in einer scheinbar unlösbaren Situation stecke, wird mir dieses Erlebnis bewusst, und ich beginne nach anderen, neuen Wegen zu suchen! Ich empfinde es als eines der größten Geschenke meines Lebens, diesem klugen Wanderführer begegnet zu sein!
Hoffentlich haben noch viele Menschen die Möglichkeit von ihm zu lernen, denn Mut und Vertrauen lassen alles Weitere erwachen.

08 Signale (von Karin Klasen)

Gib mir eine, meine, Richtung!
Zeig mir meinen eigenen Weg!
Lass mich nicht hier tapsend suchen,
trotz der Müh‘, die ich mir geb‘.

Gib mir ab von deiner Ruh,
und sieh nicht tatenlos nur zu,
wie ich mich müh‘ und such‘ und such‘.

Gib mir dein Licht so hell und klar,
und lass mich sehn, wie‘s vorher war!

Wie, wenn ich dich erstiege,
um ganz nah bei dir zu sein;
wirst du mir dann als treuer Zeuge,
mein Licht in Dunkelheit mir sein?

09 Unterwegs mit Hermann

In meinem Schwerbehindertenausweis ist das Merkzeichen „H“ enthalten, synonym für „Hilflose Person“. Ja, in völlig unbekannter Umgebung fühle ich mich tatsächlich hilflos. Ich laufe mittlerweile außerhalb unseres Grundstücks nicht mehr ohne Begleitung. Dank meiner vielen Abenteuer sind meine Nerven nicht bereit, unnötige Risiken auf sich zu nehmen. Seit Belas Fußgelenkarthrose nur noch kurze Spaziergänge zulässt, bringt auch sie mich nicht mehr auf Trab.

In unmittelbarer Nachbarschaft zu unserem Grundstück beginnt ein Weg, der sich zwischen duftenden Getreidefeldern, Wald und Wiesen schlängelt. Dort sind keine groben Hindernisse zu erwarten. Dieser Weg wäre für eine blinde Person mit geübtem Langstock völlig barrierefrei, wenn man nicht ständig mit Tretminen rechnen müsste. Dass Hunde regelmäßig Ballast abwerfen müssen, ist völlig natürlich. Aber mitten auf dem Gehweg? Nein! Ich bin selbst mit Dackeln groß geworden und habe diese sogar während größter pubertärer Trägheit noch spät abends freiwillig bei Wind und Wetter ausgeführt. Das war vor allem eine günstige Gelegenheit, um heimlich zu rauchen. Aber unsere Hunde haben nicht den freien Asphalt oder den Plattenweg für das große Geschäft gesucht, sondern die Natur. Besonders Dackel fühlen sich in hohem Gras gebauchpinselt. Wer seine Vierbeiner gleichgültig mitten auf den Weg

entleeren lässt, verhält sich in meinen Augen asozial! Für Sehende ist es schon schwierig genug, eine Schuhsohle von Kot zu befreien. Ohne optische Hilfe wird das noch spannender. Ich wünsche den Haltern von Gehwegscheißern, dass sie im Dunkeln bei der Rückkehr ihres Gassi-Gehens mit beiden Schuhen in den eigenen Hundehaufen treten und das erst auf dem heimischen Wohnzimmerteppich bemerken!
Ich betone deutlich: Ich bin ein Hundefreund. Gerade Blindenführhunde sind für meine Abteilung in manchen Fällen eine unentbehrliche Hilfe.

Zurück zu den sozialen Mitmenschen. In unserem Wohnhaus lebt ein Ehepaar, das Mitte siebzig und noch recht agil ist. Besonders das soziale Engagement dieser beiden herzlichen Menschen ist beispielhaft. Hannelore greift sofort ein, wenn sich Handwerker anmelden und die Berufstätigen diese nicht selbst in die Wohnung lassen können. Sie bietet ihre Hilfe bei Krankheit, anderen Umständen oder Trauerfällen an.
Ehemann Hermann ist ein typischer Mensch des Ruhrgebiets. Im Krieg geboren, hat er den Wiederaufbau unserer Heimat erlebt. Als Bergmannssohn wurde auch er zum Knappen ausgebildet und machte sich einige Jahre auf die Suche nach dem schwarzen Gold. Nur mit viel Glück entkam er einem Grubenunglück und wechselte zur Bundesbahn.

Hermann ist der Meinung, dass es schade wäre, wenn ich nur in meiner Schreibstube mit den Fingern über meine Tastatur wandere. Und so spazieren wir hin und wieder Strecken bis zu zehn Kilometern.
Zwischen Sauerland, Ruhrgebiet und Bergischen Land schlängelt sich die Ruhr sehr kurvenreich durch grüne Auen und dicht gedrängte Städte. An den Ufern erinnert der Leinpfad an die Zeit der Treidelschiffe, die Arken, die im 19. Jahrhundert noch von Pferden gezogen wurden. Hier entstanden Rad- und Wanderwege. Staustufen bilden viele herrliche Seenlandschaften, die für die Sommerzeit genügend Trinkwasser speichern und Wassersportler aller Art anlocken. Auf vielen Hügeln zeugen Burgruinen von mittelalterlicher Kultur. Ich möchte hier keinen Heimatführer schreiben, doch bei Ortsunkundigen hält sich seit Jahrzehnten die Vorstellung, dass das Ruhrgebiet nur vom Bergbau und der Stahlindustrie geprägt sei und dass uns hier beim Niesen grundsätzlich ein Brikett aus der Nase fällt. Nein, das gab es wohl bis vor dreißig Jahren, jetzt sind wir ein riesiges, grünes Freilichtmuseum. Meine Heimatstadt Hattingen hatte sogar das Glück, dass die Altstadt mit ihren vielen wunderschönen Fachwerkhäusern im letzten Krieg nicht ausgebombt wurde. Alles ist rad- und fußgängerfreundlich.

Die Dorf- und Feldwege hatten Hermann und ich nach kurzer Zeit hinter uns gebracht. Ich halte mich beim Laufen an

Hermanns Ellenbogen und den weißen Stock zur Sicherheit wie einen Schild diagonal vor mich. Hermann gibt mir sehr umsichtig zu beachtende Gehwegkanten oder Stufen an. Er liest mir viele informative Schilder und Texttafeln vor. Zum Beispiel steht am Zaun unseres Seniorenheims ein Schild mit der Aufschrift ‚Bitte nicht füttern'. Insider wissen, dass auf der Wiese manchmal Schafe weiden, die sich von den alten Herrschaften gerne streicheln lassen. Ohne Schafe wirkt das Schild irritierend.
Wir erreichen eine Bushaltestelle und steigen ein. Hermann beschreibt mir die vorbeiziehende Landschaft hinter den Fenstern, hin und wieder auch besonders interessante Fahrgäste. Die Straßendecke ist sanierungsbedürftig und der Bus klappert bedrohlich. Manche ältere Person betet, dass ihr während der Fahrt nicht das künstliche Hüftgelenk ausrastet. Der Bus quält sich steile Hügel hinauf, erreicht saftig grüne Wälder und Felder. Mitten in dieser Natur verlassen wir das Gefährt und beginnen unsere Wanderung. Wiesen und Felder erahne ich, wenn der Wind ungehindert über das Land weht. In Waldschneisen ist es hingegen oft windstill. Hermann erklärt mir die Baumarten, beschreibt das Buschwerk und nennt mir die Namen wilder Blumen. Manchmal führt er mich auch dicht an duftende Blüten, damit meine Nase sich einen Eindruck verschafft.
Plötzlich Endstation. Sackgasse. Haben wir uns verlaufen? Wir? Hermann hat sich verlaufen! Ich weiß in fremder Umgebung sowieso nicht, wo ich bin. Ein einsames, altes

Haus. Ein alter Herr, der misstrauisch schaut. Ein großer Hund, der noch misstrauischer knurrt.
Hermann erklärt freundlich: „Mein Nachbar ist blind. Wir wollen zu dem alten Förderrad der Zeche Pörtingsiepen. Das ehemalige Zechengelände muss doch in dieser Richtung liegen. Wissen Sie, ich habe selbst dort im Pütt gearbeitet und möchte ihm zeigen, wo das war."
Die Miene des alten Hausbesitzers hellt sich auf. Er erzählt, dass auch er dort unten war, nennt Namen von Knappen, Hauern und Steigern. Die beiden Männer hatten sich nie in diesem Pütt getroffen, da sie zu unterschiedlichen Zeiten dort beschäftigt waren, aber sie kannten die gleichen Kumpels. Sie schwärmen und reden und ich erfahre sehr viele abenteuerliche Geschichten. Nach einem besonders herzlichen Abschied findet Hermann den Zugang zu einem geheimen Pfad, den uns der Kumpel als Abkürzung empfohlen hat. Da der Weg schmal ist, geht Hermann mit seinem Krückstock voraus. Ich gebe Hermann die Spitze meines Blindenstocks in die Hand und laufe wie an einer Abschleppstange hinter ihm her. Es riecht nach Waldboden und unzähligen Pflanzen. Wurzeln greifen nach meinen Schuhsohlen, Brennnesseln nach den Hosenbeinen. Hin und wieder streicht mir ein Zweig über Wange und Haar. Ich schließe die Augen, um mich dort nicht zu verletzen. Hermann ist äußerst um mich besorgt. Es ist ihm unangenehm, mich auf einen solchen Abweg geführt zu haben. Doch dieser muss ja irgendwann enden.

Es wird steil, es wird rutschig, es wird abenteuerlich. Hermann schwitzt. Doch dann hören wir Stimmen näherkommen und mit ihnen kommt ein breiter Waldweg in Sicht. Wieder ergibt sich mit fremden Menschen ein nettes Gespräch. In der Nähe plätschert ein Bach. Die Vögel singen. Je nachdem, wie ich mich bewege, trifft ein warmer Sonnenstrahl mein Gesicht. Der Wald scheint sich zu lichten. Wir halten an. Herman ist begeistert. Er nimmt meine Hand und führt sie an ein aufsteigendes Metall. Es lässt sich mit zwei Händen nicht umspannen. An der linken Seite ist es tief eingekerbt. Wenn meine Hand über das senkrechte Metall fährt, so ist ein leichter Rechtsbogen zu spüren. Das muss der Abschnitt eines riesigen Rades sein. Ein Förderrad, das Wahrzeichen einer jeden Zeche. Hermann erzählt mir, dass dieses zu der ehemaligen Zeche Pörtingsiepen gehörte. Hier hatte auch Hermann einst seine Hauerlehre gemacht.

Der Kohleabbau musste oft mit Presslufthämmern bewerkstelligt werden. Dabei hatten die Männer in einem schräg aufsteigenden Flöz manchmal nur so wenig Platz, dass sie zwischen dem Hangenden und Liegenden auf dem Bauch liegend arbeiten mussten. Die gelöste Kohle rollte neben ihnen den Hang hinab. Damals hatte plötzlich ein alter Kumpel den Fuß des jungen Hermann gepackt und riss den jungen Mann mit sich den Kohleflöz hinunter. Noch bevor Hermann sich beschweren konnte, kam das Hangende herunter und hätte die Hauer fast begraben.

Bei Hermanns Erzählung läuft mir ein Schauer über den Rücken und mein Respekt vor dem alten Kumpel und seiner Zunft wächst noch mehr.

‚Seeluft' weht mir entgegen. Der Baldeneysee ist nicht mehr weit. Ich höre Entengeschnatter, Wellen schlagen an die Uferböschung. Hermann erklärt, dass die Wellen von einem Ausflugsschiff der ‚Weißen Flotte' verursacht werden, und dass auch zwei Schwäne als kleine weiße Flotte ihre Bahn ziehen.
Die Sonne brennt, Wasservögel rufen. Hermann zählt Kormorane, Reiher und Gänse auf. Jogger hecheln an uns vorbei, Radfahrer klingeln und grüßen freundlich.

Ich erfahre, dass sich auf der anderen Seeseite die Villa Hügel erhebt, der ehemalige Wohnsitz der Familie Krupp. Ebenso ist drüben der alte Förderturm der Zeche „Carl Funke" zu sehen. Herman sagt mir, dass fast alle Zechen des Ruhrgebiets unterirdisch miteinander verbunden sind. Mit anderen Worten, es gab also die Möglichkeit, unter diesem großen See von einer Zeche zur anderen zu laufen. Ein mulmiges Gefühl.
Fern sind kleine Motorboote zu hören. Viele bunte Segler sind heute auf dem Wasser. Ein Pfiff reißt uns aus den Gedanken. Die Lok des Museumszugs macht auf sich aufmerksam und rollt über die alte Bahntrasse Richtung Essen-Kupferdreh. Die Eisenbahn wird zum Gesprächs-

thema. Hermann hatte nach seiner Hauerlehre die Zeche verlassen und bei der Bundesbahn in vielen Aufgabenbereichen gearbeitet. Vom Schrankenwärter bis zum Service war alles dabei. Ja, auch die alten Schrankenwärter-häuschen gibt es nun nicht mehr. Viele Gleise sind verschwunden, ihre Bahntrassen sind heute Wander- und Radwege. Diese führen von der Ruhr bis tief in die Innenstädte. Selbst die alten Tunnelanlagen dienen jetzt als abenteuerliche Radwege. Während der nächsten fünf Kilometer entlang des Sees spenden uns viele Bäume Schatten. Wir machen an einer Parkbank halt und picknicken. Hermann hat uns einen Rucksack gepackt. Frisch gekochte Eier, belegte Brötchen und eine Thermoskanne mit Kaffee. Ein weiterer Herr gesellt sich zu uns. Er ist mit einem E-Bike von Duisburg bis nach Essen gefahren und wird am Tagesende hundert Kilometer geradelt sein. Stolz gibt er sein Alter mit achtzig Jahren an. Ich hingegen bin kurz vor der Sechzig und dankbar, dass ich am Arm eines Mittsiebzigers spazieren gehen darf.

Der Achtzigjährige wundert sich über meine Erblindung und erklärt mir, dass er vor zwei Jahren an beiden Augen operiert worden sei. „Zwei neue Linsen. War ein Grüner oder Grauer Star oder so! Früher habe ich eine Brille getragen. Heute sehe ich besser als je zuvor. Sie müssen sich wegen Ihrer Augen mal erkundigen. Da geht ganz sicher was. Man kann ja auch schon Augen transplantieren. Es gibt auch

schon elektronische Brillen, mit denen Blinde wieder sehen."
Ich antworte: „Von der Brille habe ich gehört. So eine trägt Geordi La Forge, der blinde Navigator im Raumschiff Enterprise." Zufrieden nickt mir der alte Herr zu: „Ja sehn' se. Kümmern' se sich mal drum!", und er besteigt stolz sein Rad.
Thermoskanne und Brotpapier verschwinden im Rucksack. Wir überqueren Bäche, Hermann liest die Namen vor. Wir passieren historische Gebäude, Hermann zitiert die Info-Tafeln. Die ungeübten Füße werden müde. Die Bushaltestelle kommt nur langsam näher. Nach einer Stunde sitzen wir endlich im Bus und dieser schiebt sich wieder klappernd die Serpentinen zu unserem Dorf hinauf. Einige ältere Mitreisende halten schützend ihre Hüftgelenke fest und Hermann schildert mir geduldig, was er hinter den Fenstern sieht. Dreißig Minuten später stehen wir vor meiner Haustür und verabschieden uns. Ich schüttle dem alten Freund dankbar die Hand. Erleichtert und bereichert geht mein Wandertag zu Ende. Spät am Abend gehen mir noch einmal alle Bilder des Tages durch den Kopf. Bilder? Welche Bilder? Bilder, die Hermann mit Worten für mich gemalt hat. Danke, alter Freund!

10 Abenteuer Bahnfahrt

Auch wenn sich die Sehenden kaum vorstellen können, dass blinde Menschen alleine quer durch unser Land reisen, so ist das doch möglich. Zum Beispiel reisen manche blinde Autoren zweimal pro Jahr von ihren Heimatorten in eine ferne Stadt zu einer BLAutor-Tagung. Sie benutzen Taxi und Bahn. Doch zuvor muss die Reise mit einer Behinderung sorgfältig geplant werden.
Die Deutsche Bahn AG bietet einen Mobilitätsservice an. Auf deren Website ist zu lesen:
„Sollten Sie z. B. auf einen Rollstuhl angewiesen, blind oder sehbehindert sein und Hilfe beim Ein-, Um- oder Aussteigen benötigen, so organisieren die Mitarbeiterinnen der Mobilitätsservice-Zentrale gerne alles Notwendige für Ihre Reise." (Stand 2017)

Begleiten wir also einen dieser blinden Autoren auf seiner Reise. Rucksack und Blindenstock warten bereits darauf, mutig erfasst zu werden. Ein Taxi holt den Fahrgast an der Haustür ab und begleitet ihn bis zum Service-Point im Bahnhof. Wenn es sich um einen kleinen Bahnhof handelt, der keinen Service-Point hat, wird der Bahnmitarbeiter in der Halle auf den blinden Fahrgast warten. Um unnötigen Stress zu vermeiden, wird empfohlen, dass der persönliche Kontakt eine viertel Stunde vor der Abfahrt stattfindet. Sollte der Zug nur ein bis zwei Minuten Aufenthalt haben, so wird der hilfsbedürftige Fahrgast nur bis zu dem Wagen geleitet, in dem sich sein reservierter Platz befindet. Dort hilft ein Zugbegleiter weiter.
In den neusten Zügen sind die Sitze mit Blindenschrift gekennzeichnet. Da unser BLAutor an einem weiteren

Bahnhof umsteigen muss, wird es für ihn bald spannend. Der Blinde steigt aus dem Zug und wartet darauf, dass sich der bestellte Mitarbeiter des Mobilitätsservices bei ihm meldet.
Noch gibt sich niemand zu erkennen. Atemrhythmus und Puls steigen. Sekunden werden zu gefühlten Minuten; mehrere Minuten zu einer gefühlten Stunde. Die Gedanken überschlagen sich. Verspätungen können dazu führen, dass der Wechsel auf einem anderen Bahnsteig zu einem notwendigen Spurt wird. Rolltreppen, spurten und Blindheit passen nicht zusammen!
Endlich! Eine freundliche Stimme stellt sich als Service-Personal vor und es kann weitergehen. Der Herzschlag des blinden Fahrgastes beruhigt sich wieder. Heute klappt alles wie am Schnürchen. Der Abenteurer mit dem Rucksack und dem weißen Stock sitzt nach fünfzehn Minuten im nächsten Zug und atmet erleichtert auf. Gott sei Dank nur noch einmal umsteigen und eine Stunde später wartet der Zielbahnhof.
Ein fremder Reisender fragt ihn: „Funktioniert der Service der Bahn beim Umsteigen immer reibungslos?“
„In den meisten Fällen geht das gut. Aber während meiner letzten Reise gab es einen Stellwerkausfall. Der Zug konnte nicht wie geplant weiterfahren. Die Bahn bot einen Schienenersatzverkehr an und alle Fahrgäste stürmten aufgeregt aus dem Waggon. Es wurde über die unzuverlässige Bahn geflucht und geschimpft. Alle hatten wichtige Termine. Jeder Zweite telefonierte mit seinem Smartphone. Die Rolltreppe war verstopft. Ich konnte mich in diesem Durcheinander nicht sogleich bemerkbar machen. Mein Stock stieß permanent an herumstehende Gepäckstücke. Als die meisten Drängler die Treppe passiert hatten, erbarmte sich eine

ältere Dame und begleitete mich zum Bahnbus. Während der Busfahrt telefonierte ich mit dem Bahnservice, um wenigstens am nächsten Bahnhof auf den Mobilitätsservice zu treffen. Meine Odyssee endete mit mehreren Stunden Verspätung. Solche Extratouren kosten Nerven."

Während der Erzählung ist es im Abteil still geworden. Mancher Zuhörer hat bei diesen Worten eine Gänsehaut bekommen und flüchtet mit seinem Blick aus dem Zugfenster. Wälder, Felder, Wiesen und Siedlungen ziehen vorbei. Der Blinde bekommt davon nichts mit. Er genießt während der Fahrt die Musik seines MP3-Players oder hört Radio. Kurzfristig ändert sich das Rattern der Zugräder. Das verrät ihm, dass gerade eine Eisenbahnbrücke passiert wird. Überquert diese einen Fluss, eine Straße oder ein anderes Gleis? Wer weiß, wer weiß?
Der Zug rollt in den Hauptbahnhof ein. Der blinde Autor verabschiedet sich von den übrigen Reisenden. Er schultert den Rucksack. Rucksäcke haben im Gegensatz zu Taschen und Koffern den Vorteil, dass der Blinde immer eine Hand für seinen Taststock zur Verfügung hat und die andere Hand Geländer und Handläufe nutzen kann. So tastet er sich zur Ausgangstür vor. Unzählige Stimmen sind auf dem Bahnsteig zu hören. Es wird gesungen, gelacht, gepfiffen, gerufen. Alle Durchsagen hallen als Echo. Irgendwo quietscht eine Zugbremse. In den gespitzten Ohren des Blinden reizt dieses Geräusch wie Kreide auf einer trockenen Tafel. Techno-Rhythmen stampfen aus einer tragbaren Musikanlage und wirken wie der drohende Paukenschlag des Sklaventreibers einer Galeere.
Heute scheint in dieser Stadt ein Fußballspiel stattzufinden.

Die Fans rufen ihre Parolen, schmettern ihre Vereinslieder. Der Blinde steht mit seinem weißen Stock auf dem Bahnsteig. Er wartet, wartet und wartet. Wo bleibt nur der bestellte Service?
Der Blinde fragt in die laute Umgebung hinein, ob ihm jemand helfen könne. Nichts. Er versucht es auf Englisch. Nichts geschieht. Endlich wird er angesprochen. Aber immer wieder sind das fremdländische Stimmen und die Verständigung ist schwierig. Er greift zum Smartphone, das über eine Sprachausgabe verfügt. Doch bei diesem Lärm ist nichts zu verstehen.
„Kann ich Ihnen helfen?“, fragt plötzlich jemand und legt dem verwaisten Fahrgast behutsam eine Hand auf die Schulter.
„Ja, mein bestellter Mobilitätsservice der Bahn ist bis jetzt nicht gekommen. Es ist auch so laut, dass ich nicht telefonieren kann.“
„Wo müssen Sie denn hin?“
„Ich bin schon am Zielbahnhof. Ab hier muss ich mit dem Taxi weiter.“
„Ich bringe Sie zum Taxistand.“
Der freundliche Helfer lässt sich von dem Blinden an den Ellenbogen fassen und dann geht es los. Vor dem Bahnhof ist der Lärm nicht mehr so erdrückend. Der blinde Abenteurer fragt seinen Helfer: „Wo müssen Sie denn hin?“
„Ich muss mit dem Zug weiter, aus dem Sie ausgestiegen sind.“
Dem Blinden fährt es in alle Glieder und er ruft: „Um Gottes willen, dann verpassen Sie wegen mir soeben Ihren Zug!“
„Das glaube ich nicht. Sie können sich beruhigen. Ich bin der Lokführer.“

Der blinde Autor sitzt im Taxi und weiß, dass seine Reise nun glücklich ausgeht. Und er weiß, worüber er nun einen neuen Roman schreiben wird …
Liebe Leserin, lieber Leser, diese Reise hat in der Reihenfolge der beschriebenen Szenen nicht stattgefunden. Aber die einzelnen Erlebnisse enthalten alle einen wahren Kern. Meine befreundeten Autorinnen und Autoren haben diese abenteuerlichen Situationen selbst erlebt, und während unseren BLAutor-Tagungen darüber berichtet.
Die tapferen Sehbehinderten, die solche Reisen ohne eine ständige Begleitperson wagen, sind meistens mit der Behinderung aufgewachsen. Spät Erblindete und Blinde wie ich, die es gewohnt sind, von ihren sehenden Partnern begleitet oder chauffiert zu werden, trauen sich weite Reisen kaum zu. Wenn Sie also einen Sehbehinderten antreffen, der völlig alleine auf einem Bahnsteig steht, dann bieten Sie bitte Ihre Hilfe an. Seien Sie ein Engel!
Denn – war das wirklich der Lokführer? War das nicht ein Schutzengel?

11 Blindes Rafting

Seit über einem halben Jahrhundert reise ich relativ regelmäßig nach Waidring / Tirol in den Urlaub. Zu Anfang in der Obhut meiner Eltern und Großeltern, dann mit Frau und Kindern, später wieder ohne Kinder. Unser Quartier ist beim Bergerbauer. Der Hof liegt auf einer sonnigen Anhöhe über dem Dorf und bietet einen traumhaften Panoramablick in die wilde Bergwelt. Ich habe dieses Panorama einst mit eigenen Augen gesehen und in meinem Kopf gespeichert.

So, wie ich mich an viele Bilder aus dieser Gegend erinnere. Der Hof ist mehrere hundert Jahre alt, Generationen kamen und gingen. Obwohl die herzliche Bauernfamilie ständig restauriert und renoviert hat, so scheint an diesem Fleckchen Erde die Zeit nicht alles so unangenehm rasch zu verändern, wie ich das in der Heimat empfinde. Für einen Sehbehinderten ist es sehr angenehm, wenn er eine Vorstellung von der Umgebung hat, in der er sich bewegt. Und so ist mir dank der gut fünfzig Urlaube, die ich hier schon verbringen durfte, mancher Weg gut bekannt. Es ergibt sich auch, dass wir immer wieder vertraute Gäste treffen und ab dem ersten Urlaubstag bereits eine sehr gelöste Stimmung herrscht. Dieses Mal sind sogar drei befreundete Familien dabei. Um den Aufenthalt abwechslungsreicher zu gestalten, schlägt jemand vor, an einer Rafting-Tour teilzunehmen. Auch ich werde aufgefordert, bei diesem Spaß mitzumachen.
Spaß? Macht es Spaß, sich blind in einen Neopren-Anzug zu zwängen, sich in ein Schlauchboot zu wagen, um dann auf dem Wildwasser zwischen Felsen herumzuschippern, die ich nur vermuten kann? Was mache ich, wenn ich über Bord gehe, wenn das Boot kentert? Schwimmen kann ich. Aber wohin? Ich erkenne ja kein Ufer, oder ob dieses einen rettenden Halt bietet.
Bei unseren Frauen kommt Verunsicherung auf, ob sie sehenden Auges überhaupt in ein solches Boot steigen sollen. Meine Bela denkt direkt weiter. Wie soll sie das nervlich

durchhalten, wenn sie selbst Bammel vor dem Wildwasser hat und dann noch auf einen Blinden aufpassen muss? Der zweite Teil der Frage klärt sich, da mein langjähriger Freund Reiner aus Eschweiler vorschlägt, nein, regelrecht drängt, dass der Blinde mit ihm im Boot an seiner Seite fährt.

Bereits am gleichen Nachmittag ist es soweit. Vierzehn Gäste, teils Männer, teils Frauen, teils Jugendliche aus unserer Pension warten vor dem Büro eines Rafting-Veranstalters am Ufer der wilden Saalach. Der Fluss rauscht. Sein klares Gebirgswasser hat 7°C und schäumt an rundgeschliffenen Felsen weiß auf. Hoch über den grauen Gipfeln strahlt die Sommersonne von einem wolkenfreien Himmel. Die Luft steht und hat gefühlte 35°C. Der Asphalt des Parkplatzes scheint zu glühen. Reiner hat mich zu dem Guide geführt und ich frage, ob ein Blinder an einer Rafting-Tour teilnehmen kann und darf. Ich bin der erste Blinde, der hier diese Frage bisher gestellt hat. Vielleicht liegt das auch daran, dass die meisten Blinden vernünftiger sind als ich. Doch dieser erfahrene Guide bietet geübten Touristen nicht nur Rafting, sondern auch Drachenfliegen und extreme Klettertouren an. Solche Leute mögen Menschen, die sich was trauen, die ihre Grenzen erweitern wollen.

Meine Position im Boot wird zwischen Reiner und dem Guide sein. Meine besorgte Bela wird im zweiten Boot sitzen, da wir nun zwei Rafting-Gruppen mit jeweils acht Personen bilden. Pech für Bela, da sie ihre Nervosität nun nicht mehr mit meiner Anwesenheit begründen kann.

In der Herren-Umkleidekabine: die Neopren Anzüge sind extrem eng und steif. Ich komme mir vor wie in einem Ganzkörperkondom. Darüber kommen noch die Schwimmwesten. Reiner und ich helfen uns gegenseitig beim Anziehen. Zur Krönung wird noch der Helm aufgesetzt. Es geht hinaus in die Sonne. Jedes Boot hat einen Guide. Jeder Guide steht in praller Sonne vor seiner Gruppe und erklärt den gesamten Ablauf der bevorstehenden Prozedur.
Nach fünf Minuten ist mir heiß. Mein Kreislauf meldet Überhitzung, während der Guide erklärt, wie die Stechpaddel eingesetzt werden.
Nach zehn Minuten: seit längerer Zeit sehe ich wieder etwas. Kommt jetzt etwa der Sehrest zurück? Nein, auch blinde Menschen haben Flimmern vor den Augen, wenn der Kreislauf nicht funktioniert. Der Guide mahnt, dass wir im Fall des Kenterns immer auf dem Rücken und mit den Füßen voraus schwimmen müssen. Das verhindert Verletzungen, wenn man von der Strömung vor Felsen getrieben wird.
Nach fünfzehn Minuten: ich weiß nicht, was der Mann alles erzählt hat. Ich konzentriere mich nur darauf, nicht umzufallen. Mein Blut rauscht in den Ohren. Oder ist es doch die Saalach? Soll ich mich melden? Erst überrede ich die

Leute, dass ich als Blinder ganz problemlos mitmache, und nun soll ich vor dem Start schon aufgeben? Lieber falle ich um! Mit einem gepolsterten Anzug und Helm hat das Umfallen nur ein geringes Risiko. Ich schwitze, doch der Schweiß weiß gar nicht, wo er an der dicken, wasserdichten Hülle austreten soll. Hecheln wie ein Hund wäre noch peinlicher.

In letzter Sekunde: es kommt Bewegung in die Gruppen. Im Entenmarsch geht es Richtung Fluss. Jede Gruppe trägt ihr riesiges Schlauchboot. Kies knirscht unter den Gummischuhen. Erfrischend kaltes Wasser steigt an den Knöcheln hoch, sucht sich Zutritt in dem engen Anzug. Ich bin zur Hälfte im Wasser. Es zerrt an mir und möchte mich mitreißen. Der Guide befiehlt, dass wir uns auf den Rücken legen und mit den Füßen voraus im Wasser ein Stück treiben lassen. Das kühle Nass krabbelt in meinem Anzug den Rücken hinauf. Dankbar nehme ich die Erfrischung an. Ich schwimme der Anweisung entsprechend auf dem Rücken, die Füße voraus. Meine Hände spritzen kaltes Wasser ins heiße Gesicht. Herrlich, ich kühle endlich ab. Mein Kreislauf beruhigt sich, die Anspannung wechselt in Neugier.

Nun steigen wir in das große Schlauchboot. Meine Füße finden am Boden Halteschlaufen. Wir sitzen auf dem dicken, weichen Rand wie auf einem Hüpfball. Drei Personen links, drei rechts, einer vorn. Hinten sitzt unser Guide. Er hat eine Helmkamera, da die Fahrt aufgezeichnet wird und später als DVD käuflich zu erwerben ist. Auf Kommando setzen wir unsere Stechpaddel ein. Das Boot legt ab und wird schon bald von der Strömung erfasst. Luft streift mein Gesicht. Reiner fragt, wie es mir geht; der Guide erkundigt sich ebenfalls. Ich grinse fasziniert und kann immer noch nicht glauben, was ich hier gerade unternehme. In ruhigem Gewässer üben wir das Wenden und Rückwärtsfahren. Dann erfasst uns wieder die Strömung. In stärkeren Stromschnellen entstehen Wellen, die sich auf das biegsame Gefährt übertragen und auch mir eine Vorstellung geben. Reiner beschreibt mir detailliert die Landschaft. Mal ist das Ufer nur von weißem Kies geprägt, mal von riesigen Felsen. Büsche lehnen sich weit über das Wasser, vereinzelte Bäume spenden Schatten. Die Gruppe jubelt. Jemand winkt uns zu. Unsere Freundin Heike, die nicht an der Fahrt teilnimmt, ist mit dem Auto vorausgefahren und steht nun mit ihrer Kamera mitten auf der Flussbrücke. Wir schießen unter der Brücke hindurch und das Johlen schallt zurück. Nach einigen Kurven beruhigt sich der wilde Strom. Hier dürfen wir nun schwimmen. Ich überlege nicht lange und lasse mich rückwärts wie ein Taucher ins 7°C kalte Nass plumpsen. Das Boot schwimmt langsam weiter. Ich liege mit dem Auftrieb meiner Schwimmweste auf dem Rücken und treibe mit den Füßen voraus. Im Schutz des Neopren-Anzugs ist die Wassertemperatur angenehm. Aber mitten auf dem Fluss zu treiben, ohne das Boot zu sehen, macht ein mulmiges Gefühl. Nur die Stimmen meiner Crew geben mir die Richtung an. Reiner taucht neben mir wie ein Seehund auf. Ein

beruhigendes Gefühl. Zehn Minuten später werden wir mit geübter Technik ins Boot gezogen. Die Fahrt geht weiter. Meine Anspannung ist dem abenteuerlichen Spaß gewichen. Ob Bela sich im anderen Boot ebenfalls gut fühlt?
Wir treffen die zweite Rafting-Crew in einer Bucht, wo Pause gemacht wird. Müsliriegel und Saftflaschen werden verteilt. Beide Guides spornen ihre Crew zu einer weiteren Mutprobe an. An dieser Bucht mündet ein Wildbach in den Fluss. Ein Stück aufwärts hat er eine Klamm geschaffen, also einen tiefen Einschnitt im Berg. Wir steigen Steinstufen hinauf und machen vor einem Geländer halt. Dahinter fällt die Felswand etwa drei Meter tief zum rauschenden Bach hinab. Unser Guide erklärt, dass man an dieser Stelle getrost über das Geländer klettern und in den Fluss springen kann. Er sei tief genug und habe unter Wasser keine gefährlichen Hindernisse, an denen man sich verletzen kann. Also einfach hineinhüpfen und mit dem fließenden Bach zur Bucht schwimmen. Reiner fragt, ob ich mit ihm springen würde. Der Guide wäre ebenfalls dabei. Bela sieht mir meinen Entschluss an und meint, dass ich nicht alle Tassen im Schrank hätte. Wer lange überlegt, der wagt nicht. Mir wird bei dem Gedanken mulmig, einfach ins Nichts hineinzuspringen.
Meine Beine schwingen über das Geländer, die Füße suchen über dem rauschenden Abgrund Halt. Meine Hände umklammern das Holzgeländer in meinem Rücken. Reiner und der Guide sind ebenfalls bereit. Jetzt! Die Luft rauscht.

Ich tauche ein … ich tauche auf. Herrlich! Doch wo ist das Ufer? Ich möchte nicht an den Felsen entlangschrammen. Reiner und der Guide prusten und lachen begeistert neben mir. Wir schwimmen gemeinsam zum Ausstieg.

Eine viertel Stunde später legen die Boote wieder ab. Anspannung, Sorge und Unsicherheit haben mich völlig verlassen. Mein Adrenalin feiert ein Fest. Heute würde ich sogar Drachenfliegen. Aber vielleicht kommt mir dieser leichtsinnige Gedanke, da ich nach bestandenen Abenteuern immer einen Höhenflug verspüre. Das alles hat auch nichts mit Vernunft zu tun, sondern mit purer Lust am Leben.

Wochen später.
Zuhause läuft mittlerweile die Rafting-Tour-DVD. Ich höre im Fernsehgerät unsere Gruppe lachen, johlen, witzeln. Und vor meinem geistigen Auge sehe ich die Bilder mit dem lebhaften Fluss, seine Uferlandschaften, das herrliche Bergpanorama, sehe, wie sich ein stahlblauer Himmel an den grauen Gipfeln abstützt. Eine traumhaft schöne Welt! Ob diese real genauso aussieht? Völlig egal. Letztendlich ist unsere Wahrnehmung sowieso nur subjektiv. Diese abenteuerliche Erfahrung hat mein Vertrauen in die Menschen erneut gestärkt. Gemeinsam können wir alles erreichen. Gleichgültig, ob wir behindert sind oder nicht. Danke!

12 Gastautor David Röthle

An dieser Stelle darf ich ein weiteres BLAutor-Mitglied zu Wort kommen lassen, das einen gewaltigen Schicksalsschlag überwinden musste. Dieser Mann meistert nicht nur sein Schicksal, sondern er macht mit seinem Weblog www.blindgefluester.de anderen Betroffenen Mut und ruft zum positiven Denken auf.

David Röthle wurde 1969 in Augsburg geboren. Er ist gelernter Groß- und Außenhandelskaufmann und erblindete mit 28 Jahren durch einen Motorradunfall. Nach einer mehr als einjährigen Genesungszeit erlernte er alle grundsätzlichen Blindentechniken, die Brailleschrift und Computeranwendungen. Die Rehabilitationsmaßnahmen ließen ihn als Telefonist und Zentralist ins Berufsleben zurückkehren. 2006 machte er die Ausbildung zum Gedächtnistrainer des Bundesverband Gedächtnistraining e.V. Seit 2015 ist er Mitglied im literarischen Arbeitskreis der BLAutoren. David Röthle ist verheiratet und hat zwei Kinder.

Ein Unfall der mein Leben veränderte!

Eine zweite Chance, ein neues Leben! (von David Röthle)

Wie fühlt es sich wohl an, nichts sehen zu können? Wie ist es, blind zu sein?

Hätte ich mir diese Fragen vor meinem achtundzwanzigsten Geburtstag gestellt, dann hätte ich darauf ganz klare Antworten gehabt: „Ich und blind? Auf keinen Fall! Ich kann sehen wie ein Adler, die meisten meiner Hobbys haben mit Sehen zu tun. Ich spiele leidenschaftlich gern Billard, Bücher sind mein Leben, ich fotografiere und male gern, und wenn ich mich mal austoben möchte, presche ich mit meinem Mountainbike durch den Wald. Ich bin ein visueller Mensch! Mit anderen Worten, ohne Sehen, das geht gar nicht!"

Blind zu sein konnte ich mir nicht vorstellen. Gut, ich hatte bereits in früher Kindheit eine Freundin, deren Eltern blind waren. Aber die waren von Geburt an blind. Das ist doch etwas anderes, das war für sie Normalität. Doch wie soll das gehen, wenn man schon mal gesehen hatte? Für mich unvorstellbar!

So kann man sich täuschen. Das Schicksal dachte anders darüber. Ich sollte bereits im jungen Erwachsenenalter erblinden.

Plötzlich war da dieser Unfall, der alles auf dem Kopf stellte. Ein Motorradunfall, bei dem ich so schwere Kopfverletzungen erlitt, dass ich dabei mein Augenlicht verlor. Nur gut, dass ich ein stabiles Familienumfeld hatte. Darüber hinaus eine Freundin, die weiterhin zu mir hielt. Und Freunde, die bei mir blieben. Vor allem kam es mir zugute, dass ich neben der Blindheit auch noch andere körperliche Verletzungen erlitten hatte. Das klingt entsetzlich! Ich weiß! Ich will erklären, warum ich das so empfand. Ich bin zwar, was die Erblindung anging, mehr oder weniger ins kalte Wasser gestoßen worden. Dennoch konnte ich mich, zumindest ein Stück weit, an diesen Zustand gewöhnen. Ich war auch ohne blind zu sein an das Krankenhausbett gefesselt, ich hätte auch sonst kaum etwas machen können, und wäre ebenfalls auf Hilfe

angewiesen gewesen. Die ersten Wochen hätte es keinen Unterschied gemacht, ob sehend oder blind!
Der erste Schock – schlimm, sehr schlimm war der Moment, als ich erfuhr, was mit mir los war. Bis zu dem Zeitpunkt, als ich den Pfleger nach meinen Genesungsaussichten fragte, war ich immer noch der Meinung, ich würde bald wieder sehen können. Man würde mir nach einiger Zeit den Kopfverband abnehmen und ich könnte wieder das Tageslicht erblicken. Diese Hoffnung erstickte der Pfleger völlig gefühllos im Keim, indem er mir mitteilte, dass ich bei dem Unfall für immer erblindet sei. Leider behielt er recht. Einer der Stationsärzte bestätigte diese Aussage, wenn auch etwas einfühlsamer.
Das war ein grausamer Schlag. Ich konnte mir nicht vorstellen, dass meine Tränen jemals wieder versiegen würden. Irgendwie hatte ich das Gefühl, dass hier gerade mein Todesurteil gesprochen wurde. Alles, aber auch alles, was ich mir für meine Zukunft erhofft hatte, wurde im Keim erstickt. Ich hatte scheinbar alles verloren!
Doch die Tränen trockneten, und ich war hauptsächlich damit beschäftigt, wieder gesund zu werden. Und auch, wenn ich zu diesem Zeitpunkt noch nicht wusste, wie es weiter gehen sollte, so war es ein großer Trost, dass mein Umfeld weiterhin zu mir hielt!

Wie geht man mit einer Behinderung um? Nun stellte sich die Frage: ‚Wie gehe ich, wie gehen wir mit der neuen Situation um?‘ Nicht nur ich war ab diesem Zeitpunkt von der Behinderung betroffen, sondern auch meine Familie, meine Freundin und meine

Freunde. Von diesem Zeitpunkt an hatte sich nicht nur mein Leben geändert, sondern auch das meines Umfeldes. Tja, wie sagt man heutzutage so schön: "Shit happens!"
Alle mussten von da an umdenken, sich an eine neue Situation gewöhnen und den Umgang mit mir und meiner Behinderung erlernen.
Ein zweites Gutachten musste her! So schnell wollte ich nicht aufgeben. Für mich war das letzte Wort noch nicht gesprochen. Ich brauchte Gewissheit, eine zweite fachliche Meinung.
Immer noch hatte ich Hoffnungen in die Medizin, in meine Selbstheilungskräfte, oder in Gott.
Die Ernüchterung folgte auf dem Fuße. Gott konnte oder wollte mir nicht helfen. Warum auch? Schließlich hatte er das alles zugelassen. Naja, ich muss zugeben, mein Glaube hatte zu diesem Zeitpunkt deutlich gelitten. Meine Selbstheilungskräfte ließen ebenfalls zu wünschen übrig, zumindest brauchten sie wohl mehr Zeit.
Dieser zweite Augenspezialist konnte mir ebenfalls nicht helfen, und Hoffnung gab er mir auch nicht. Er erklärte sachlich, dass mein Sehnerv gequetscht bzw. durchtrennt wäre.
Das bedeutet, dass dieser keine Signale vom Auge an das Sehzentrum weiterleiten kann. Da der Sehnerv einer der wenigen Nerven im Körper des Menschen ist, der sich nicht regeneriert, wird sich bei mir leider nichts mehr ändern!
Tja, das war es! Aus, Ende, Finito!

Flucht war auch keine Lösung. Naja, „Aus und Ende“ konnte man

in meinem Fall fast wörtlich nehmen. Vom Selbstmitleid überwältigt wollte ich mir eines Abends ein Ende bereiten. Glücklicherweise bin ich viel zu feige, ansonsten hätte ich mich vom Balkon gestürzt, wir wohnten damals im 7. Stock, will sagen, eine sichere Sache! Entscheidend, dass es nicht dazu kam, war meine damalige Freundin, meine heutige Frau. Sie war es, die in dieser Nacht nochmals aus dem Bett zu mir gekommen war und mich zurückhielt. Sie gab mir in diesem Moment nicht nur zu verstehen, dass sie mich liebte, nein, sie machte mir bewusst, dass ich eine Verantwortung gegenüber anderen Menschen habe. Eine Verantwortung ihr gegenüber, sowie allen anderen, wie meiner Familie oder Freunden, denen ich ebenfalls etwas bedeutete.
Plötzlich wurde mir bewusst, dass Selbstmord ein egoistischer Akt wäre. Was, so fragte ich mich in diesem Moment, würde ich meiner Familie, meinen Freunden, oder meinem gesamten Umfeld damit antun?
Wie sollte es also weitergehen? Selbstmord, Flucht waren keine Lösungen. Allerdings waren die Trauer um das verlorene Sehvermögen und meine erhoffte Zukunft derzeit noch zu präsent, standen neuen Antworten im Wege.

Die Annahme der neuen Situation - Bis zu dem Zeitpunkt vor dem Unfall, so dachte ich, wäre mein Leben recht zufriedenstellend verlaufen. Ich stand in der Blüte meines Lebens, hatte einen Beruf, der mir Spaß machte. Mit meiner Freundin dachte ich bereits über Familienplanung nach, und meine Hobbys füllten mich ebenfalls aus. Will sagen, mir ging es damals gut, ich war

zufrieden!
Und nun? Im Grunde wäre die Antwort ganz einfach gewesen, denn ich musste lediglich meine neue Situation akzeptieren. Doch leichter gesagt als getan, schließlich musste ich gewohnte Pfade verlassen!
Früher war ich stolz darauf, ein selbstständiges Leben zu führen und spontan Dinge tun zu können. Aber nun? Ich war nicht mehr selbstständig, zumindest zu diesem Zeitpunkt war ich auf Hilfe angewiesen und alles musste geplant werden. Das war eine bittere Pille, die ich da zu schlucken hatte.

Die Erkenntnis - Bei einem abendlichen Spaziergang mit meiner Freundin kam mir die Erleuchtung. Neue Erkenntnisse breiteten sich in mir aus. War das ein Geistesblitz, oder sollte man es eine göttliche Eingebung nennen? Ich hatte das Gefühl, Lösungen gefunden zu haben. Mein Schicksalsschlag war zwangsläufig ein kompletter Neuanfang. Darin lagen unzählig viele Chancen, viele neue Perspektiven!
Diese Gedanken, diese Eingebungen, wie man es auch immer nennen mag, ließen mich nicht mehr los. Ich hatte wieder einen Grund, weiter zu machen, ich hatte ein Ziel.
Dieses Ziel hieß: Leben! Ich wollte mich nochmal neu erfinden, das Beste aus meinen neuen Aufgaben machen.
Von da an näherte ich mich Schritt für Schritt der Akzeptanz meiner Behinderung.
Mehr und mehr konnte ich diese Herausforderung annehmen. Ich hatte wieder Hoffnung und ganz wichtig … eine Zukunft!

13 Die innere Kraft oder das Qi

Ich bin Mitglied im Bund zur Förderung Sehbehinderter NRW (BFS-NRW). Bela und ich nehmen dieses Mal an einem Wochenendseminar in Horn/Bad Meinberg mit Qigong- und Tai-Chi-Übungen teil. Die Gruppe besteht aus zwölf Teilnehmerinnen und Teilnehmern. Besonders freuen wir uns, Elisabeth K. zu treffen. Sie ist die Vorsitzende des BFS-NRW. Sie hat wie immer die Veranstaltung für unsere Gruppe im „Aura Inklusive" in Horn/Bad Meinberg organisiert. Elisabeth hat einen hochgradig sehbehinderten Sohn, der dank seiner qualifizierten Ausbildung gerade als Heilpädagoge den Weg in sein Berufsleben gefunden hat. Alle Eltern behinderter Kinder atmen erleichtert auf, wenn dem Nachwuchs überhaupt eine faire Berufschance geboten wird. Trotz der Gesetze zur Förderung behinderter Menschen und der gefeierten Inklusion sind die Hürden extrem hoch. Elisabeth gehört zu diesen Powerfrauen, die sich um Gleichberechtigung in der Gesellschaft bemühen, und nur solche Kräfte bringen die Selbsthilfegruppen und Behindertenverbände voran. Ich bin dankbar, mit solchen Menschen hin und wieder meine Zeit teilen zu dürfen.

Einer unserer Kursteilnehmer kommt direkt aus dem Haus, da das „Aura Inklusive" auch gemütliche Appartements und Wohnungen für Dauergäste anbietet. Wer hier als Sehbehinderter sein Zuhause hat, der fühlt sich rundum versorgt.

Unsere Teilnehmerinnen und Teilnehmer reisen aus verschiedenen Winkeln des Landes an und werden herzlich empfangen. Angemessene und geduldige Assistenz gehört im „Aura Inklusive“ zum Service. Die Gruppenmitglieder begrüßen sich herzlich. Einige Stimmen sind bekannt, andere eher fremd. Wir belagern erst einmal das Café und tauschen Neuigkeiten aus. Auch andere Gruppen sind wohl hier. Überall klackern Stöcke, ein Führhund bellt vergnügt und läuft zwischen den Tischen herum. Man kann seinen Weg permanent mit den Ohren verfolgen, weil er eine kleine Schelle trägt.

Es wird ernst, der Kurs beginnt. Warmes Licht durchströmt die vielen Grünpflanzen des liebevoll dekorierten Seminarraumes. Duftkerzen schaffen eine Wohlfühlatmosphäre. Tai-Chi- und Qigong-Lehrer Michael S. weiht unsere Gruppe in die Geheimnisse der chinesischen Meditationsübungen und des Schattenboxens ein.
„Die Konzentrations- und Bewegungsformen des Qigong, das auch Chi Kung oder Chigong genannt wird, dienen der Kultivierung von Körper, Seele und Geist“, heißt es in der Einleitung. Die Übungen sollen den Qi-Fluss, eine Art Energie im Körper harmonisieren und regulieren. Tai-Chi, abgekürzt für Taiji Quan, ist eine Kampfkunst, die bei uns eher unter dem Begriff ‚Schattenboxen‘ bekannt wurde.

Geduldige Einzelanleitungen machen es allen sehbehinderten und blinden Teilnehmern möglich, die harmonischen Bewegungsabläufe Stück für Stück nachzuvollziehen und selbständig auszuführen.
Jede Übung, jedes Bewegungsbild hat einen eigenen Namen. Sie heißen zum Beispiel: Das Qi wecken, Übung für ein langes Leben, Tigermaul, Schwimmender Drache, Der Vogel Rok fliegt gleitend oder Wir umarmen die Welt.

Ich habe über dreißig Jahre in der Physiotherapie gearbeitet und meine Kunden bzw. Patienten mit Bewegungsübungen angeleitet. Ich sehe hinter diesen Qigong- und Tai-Chi-Übungen keine mystischen oder geheimnisvollen Kräfte. Sie sind in vielen Bewegungsformen der westlichen Bewegungstherapie ähnlich. Jedoch behält man die bildhaften Formen eines Vogelfluges oder eines schwimmenden Drachens auch ohne physiologische Kenntnisse besser im Kopf. Ferner lassen sich gleichzeitig die Atemübungen perfekt integrieren. Es wird nur wenig gesprochen, jede Art von Hektik und Stress sind diesem Raum fremd und trotzdem verfliegt die Zeit.
Bald lockt im Speisesaal ein köstliches Mittagessen und danach geht es intensiv weiter. Bild um Bild, Figur um Figur werden einstudiert und perfektioniert.

Nachmittagspause! Wir stärken uns mit aromatischem Tee. Es folgt ein Wiederholungsprogramm und schon ist der erste Tag des Seminars fast vorbei. Das herzliche Personal des „Aura Inklusive“ sorgt immer wieder für einen total entspannten Aufenthalt. Auch das Abendessen ist verlockend. Danach trifft sich die Gruppe im Café in gemütlicher Runde zu Schwätzchen, selbst produzierten Gitarrenklängen und Gesang. Ich gönne mir ein Bier vom Fass. Oder mehr? Meine Hand streicht kontrollierend über das abdominale Feinkostgewölbe und stellt fest, dass Entspannungsübungen nicht das Körpergewicht reduzieren. Da sich gerade im Bauchbereich laut unseres Übungsleiters die größten Energiespeicher befinden, hat vielleicht sogar das Qi oder Chi bei mir eine konvexe Form angenommen. Eine innere Stimme bekräftigt: „Das sind keine Speckröllchen, sondern das ist nur externer Speicherplatz für mehr Bauchgefühl!“

Auch der zweite Tag verläuft ähnlich und der nächste Qigong-Kurs wird bereits terminlich festgelegt. Da meine Mobilität als Blinder außerhalb des Hauses extrem eingeschränkt ist, läuft nix mit Joggen, Radfahren und vergleichbaren Sportarten. Nun integriere ich begeistert die Qigong- und Tai-Chi-Übungen in meinen Tagesablauf. Und das hilft! Wer viel am Schreibtisch sitzt, sollte nach jeder Stunde aufstehen und eine Qigong-Übung durchführen. Das dauert keine fünf Minuten und man fühlt sich wieder locker und entspannt.

14 Orientierung auf andere Art (von Karin Klasen)

Seit einigen Jahren wächst in unserem Garten ein stattlicher Lavendelstrauch. Im späten Frühjahr beginnt er nach mehrmonatigem Winterschlaf mit dem Austreiben neuer Triebe. Schnell bilden sich weitere Ästchen, an denen sich filigrane, grau-grüne Blätter ausbilden. Ab Juni blüht der schöne Strauch für viele Wochen, und die leuchtend- lila Blütenähren verbreiten ihren herrlich frischen Duft. Den ganzen Sommer ist er eine Augenweide – und für mich ein Richtungsweiser!

Viele Bienen und Insekten, zu denen auch die vielen Arten der Schmetterlinge gehören, laben sich an seinem Blütennektar. Auch ich nutze die heilende Wirkung des Strauches. Lavendel-Tee zum Beispiel, wirkt, wie auch sein Öl, auf sanfte Weise entspannend und nervenstärkend. Auch zum Würzen diverser Gerichte nutze ich seine Kraft.

Zusätzlich hilft er mir jedoch auf ganz besondere Weise, denn sein unverwechselbarer Duft weist mir den Weg durch unseren Garten! Aufgrund einer degenerativen Netzhauterkrankung ist mir nur ein kleiner Sehrest geblieben. Der intensiv duftende Lavendel ergänzt sozusagen mein Sehvermögen. Ich weiß genau, wenn ich mich in seiner Nähe befinde oder direkt vor ihm stehe. Navigiere ich rechts an ihm vorbei, komme ich ohne Probleme zu meiner Gartenbank. Gleich dahinter wächst flächendeckend dunkelblättriger Thymian, der sich wie ein lebendiger Teppich ausgebreitet hat. Wie gern gehe ich über die sattgrünen Blättchen, die mich sofort mit ihrem würzigen Duft belohnen.

Gehe ich weiter, knirschen kleine Kieskörner unter meinen Füßen – und wieder weiß ich, wo ich mich gerade befinde. Der anschließende Weg führt mich zum Sauerampfer-Beet. Er hat zwar keinen markanten Eigengeruch, doch durch den Geruch der dahinter wachsenden Kamille, weiß ich Bescheid.

Den Salbei finde ich ein Stück weiter links im Beet. Weil auch er keinen deutlich wahrnehmbaren Duft abgibt, wenn er nicht berührt wird, habe ich im letzten Jahr eine Pfefferminze in seine Nähe gesetzt, die ich durch ihren intensiven Duft mühelos finde.

Wenig abseits macht mich der nach Maggi duftende Liebstöckel auf den Estragon aufmerksam. Die stärker duftenden Kräuter führen mich also zu den weniger duftenden. Auf diese Weise habe ich mir im Laufe meiner Sehverschlechterung nach und nach dufte Hilfe in den Garten geholt. So werde ich bei der räumlichen Orientierung unterstützt.

Gemütlich auf der Gartenbank sitzend überlege ich, ob mein inneres Wachsen nicht eine Parallele zum Reifen der Natur darstellt. Alle Pflanzen brauchen zum Gedeihen den für ihre Art benötigten Boden, genügend Nahrung und einen Standort, auf dem sie sich entfalten können, damit das

Wachsen beginnen kann. Auch ich benötige genügend Zeit um zu wachsen. Erst dann kann mein Gefühl die gut gemeinten und in der Tat oft erleichternden Hilfestellungen meiner Freunde in sich aufnehmen und verarbeiten. Habe ich genügend Wurzeln ausgebildet, bin ich in der Lage, mich im Sturm des Lebens zu halten. Einen guten Platz habe ich schon ausgesucht. Ich bin umgeben von Menschen, die mir echte Freunde sind. So schaffe ich es immer wieder, meiner großen Angst völlig zu erblinden, die Stirn zu bieten.

Ich weiß zwar, dass ich vom Schicksal nicht gefragt werde, ob ich erblinden will oder nicht, ich habe also kein Mitspracherecht; dennoch gebe ich nicht auf – suche stattdessen nach neuen Wegen!

Hoffentlich gelingt es mir, immer öfter der Seelenfresserin „Angst“ den Appetit zu verderben!

15 Der weiße Stock auf freier Wildbahn

Bereits in meiner Autobiografie mit dem Titel „Im Testprogramm des Schicksals“ hatte ich geschrieben, dass ich mich während meiner hochgradigen Sehbehinderung geschämt hatte, den weißen Stock in die Hand zu nehmen. Auch als ich meine Erblindung angenommen habe, blieb hin und wieder das peinliche Gefühl, mit einem Blindenstock stigmatisiert zu sein. Das hat sich im Laufe der Jahre völlig geändert. Der weiße Stock gehört heute zu mir, wie die regelmäßigen Beulen und blauen Flecken, die ich mir bei zu schnellen oder unkonzentrierten Bewegungen nicht selten antue. Das ist nicht behindertentypisch, nein, auch Sehende klopfen sich schon mal mit dem Hammer auf den Daumen und stoßen sich den Ellenbogen.

Der weiße Stock ist heute mein Freund. Er gibt nicht nur Hindernisse an, sondern dient mir auch als Schutzschild. Dass er grundsätzlich ein Stigma darstellt, ist ein Irrtum von mir gewesen. Im Zeitalter der Oberflächlichkeit, des Tunnelblickes und der Gleichgültigkeit erlebe ich immer öfter, dass der weiße Stock für manche Menschen unsichtbar ist.

Hier zwei Beispiele:

Als ich nach einem Klinikbesuch am helllichten Tage den Parkplatz überquerte, hörte ich ein Motorgeräusch und blieb vorsichtshalber stehen. Neben mir und meinem weißen Stock hielt ein Fahrzeug. Summend bewegte sich die Scheibe der Tür und ein Herr fragte freundlich: „Heute ist wiedermal alles besetzt. Fahren Sie eventuell weg?“

„Sie meinen mit meinem Auto?“

„Ja, das wäre nett!“

„Tut mir leid“, sagte ich. „Gerade heute bin ich nur mit meinem weißen Stock unterwegs.“

„Ach, ist das etwa ein Blindenstock, den Sie da haben?“

„Ja, das ist ein echter Langstock, mit dem man vorauspendelt. Und Sie dachten sicherlich, dass ich mit einer Wünschelrute nach meinem Wagen suche, nicht wahr?“

Das Fenster fuhr hörbar zu und der Wagen rollte langsam davon. Ich hätte gerne gesehen, ob der gute Mann wenigstens geschmunzelt hat.
An einem anderen Tag hatte ich zur Rush Hour den Rand des Gehwegs ertastet. Ich blieb stehen, um bei günstiger Gelegenheit die Straße überqueren zu können. Dicht an dicht rollte der Feierabendverkehr an meiner Stockspitze vorbei. Plötzlich fragte eine mir bekannte Männerstimme: „Na, hält niemand an, um dich rüber zu lassen?“
Ich scherzte: „Ich stehe hier schon eine viertel Stunde. Ich habe die Leute auf der anderen Seite gefragt, wie sie dort rüber gekommen sind. Sie meinten, sie wären dort geboren.“
Die Stimme neben mir gehörte einem pensionierten Kollegen. Der meinte: „Scherz beiseite. Du hast doch den weißen Stock. Wenn du den waagerecht zur Fahrbahn hältst, dann müssen die Autos stehenbleiben. Das lernt jeder in der Fahrschule.“
„Das mag so sein. Aber Regeln sind nur so lange gut, wie sich alle daran halten. Außerdem ist mein weißer Stock unsichtbar.“
Ich wollte es dem netten Kollegen beweisen. Ich bat ihn, einige Meter von mir zu weichen, damit es für die Fahrer nicht so aussieht, als hätte ich eine sehende Begleitperson bei mir. Dann hielt ich meinen Stock mit ausgestrecktem Arm wie eine Absperrung über den Fahrbahnrand. Nun war der Verkehr gezwungen, einen Bogen um meine weiße

Schranke zu fahren. Nachdem unzählige Fahrzeuge so an mir vorbeizogen, platzte meinem Kollegen der Kragen. Er rief dem Verkehr hinterher: „Seid ihr alle blind? Habt ihr euren Führerschein in der Lotterie gewonnen?"
Doch dann hörte ich, dass direkt neben mir ein Wagen hielt. Der freundliche Fahrer öffnete das elektrische Beifahrerfenster und rief: „Sie können die Straße passieren! Auch der Gegenverkehr ist im Moment frei!"
Ich dankte ihm und lief rasch soweit, bis der Stock die gegenüberliegende Gehwegkante anzeigte. Dann begann der Verkehr wieder zu rauschen. Der Kollege rief zu mir herüber: „Siehst du, es gibt nicht nur blinde Fahrer! Schönen Tag noch!"

Was können Sehbehinderte, die sich immer noch wegen des weißen Stockes schämen, daraus lernen? Liebe Ritter der weißen Lanze, besonders auf freier Wildbahn braucht ihr euren Stock nicht zu verstecken. Einige Mitmenschen halten diesen für eine Wünschelrute oder den Zauberstab von Harry Potter, für andere ist er völlig transparent.
Die Verbliebenen, die ihn tatsächlich als Blindenstock wahrnehmen, unterteilen sich in zwei Gruppen. Die eine erkennt man an dem heruntergeklappten Unterkiefer, was auf einen harmlosen Verarbeitungsstau im Gehirn hinweist. Die andere Gruppe reagiert mit Verstand und Hilfsbereitschaft. Solltet ihr aber auf echte Idioten treffen, dann denkt bitte daran: Idiotie ist auch eine schwere Behinderung!

16 Kleines, großes Wunder (von Karin Klasen)

Vor einiger Zeit war ich davon überzeugt, nicht vollkommen zu sein.

Damit meine ich nicht ausschließlich meine Sehbehinderung, sondern auch die damit verbundenen vielen kleinen Unzulänglichkeiten. Jene, die ich glaubte, unbedingt korrigieren zu müssen, damit ich von anderen als vollwertiges Mitglied der Gesellschaft anerkannt wurde, zu deren Mitglied ich mich gern fühlen möchte.

Ich ging davon aus, dass diese vermeintlichen Unzulänglichkeiten nur mit enormem Fleiß, Ausdauer und mit einem höheren Zeitaufwand ausgeglichen werden können. So versuchte ich in einer Art Wiedergutmachung, die von mir angenommene „Fehlkonstruktion“ Karin zu rehabilitieren. Ein schier aussichtsloses Unterfangen! Gegen mich selbst zu kämpfen, fühlte sich ungemein grausam und schmerzlich an.

Mittlerweile weiß ich, dass diese Überzeugung falsch und zudem ungerecht mir gegenüber war. Ich habe mir mein Leben schwerer gemacht, als es durch diverse Erlebnisse und Erfahrungen ohnehin schon war. Mir war damals nicht bewusst, dass allen Menschen schon durch ihre Geburt wertvolle Rechte, wie das auf körperliche und seelische Unversehrtheit oder Individualität zustehen!

Obwohl mein Verstand die in unserem Grundgesetz verankerten Zusicherungen kannte, die besagen, dass alle Menschen gleich sind und auch deren Würde unantastbar sei, benötigte ich Jahre des Lernens, um dieses Privileg auch emotional annehmen zu können. Anderen gestand ich dieses selbstverständlich zu.

Viele Freunde begleiteten mich auf meinem langen Weg. Im Besonderen ein ganz bestimmter Clown. Er war und ist noch immer in der Lage, mich auf eine ihm eigene Weise erkennen zu lassen, wer ich bin! Durch ihn und sein Handeln erkannte ich immer deutlicher, wie wichtig diese Erfahrungen für mich waren und es noch immer sind, denn ich habe sie einvernehmlich in mein Leben integrieren können. Und darauf kommt es an!
Ich bin nichts Wertloses, nichts Untergeordnetes, nichts Unwichtiges; ich bin nicht nur geduldet, sondern gleichberechtigter Teil eines Ganzen. Das fühlt sich gut an!

Eine meiner Überzeugungen war die, dass meine Art des Schreibens nicht gut genug sei, um sie anderen Menschen anzubieten. Jetzt begreife ich, dass ich genau so und nicht anders schreibe, weil ich meinen Platz im Leben gefunden habe und viele meiner Erlebnisse daran beteiligt sind. Ich würde sie verleugnen, schriebe ich anders.

Und so kann das kleine, große Wunder, mich als einen Teil des Ganzen zu erleben, weiter wachsen!

17 „Ich sehe was, was du nicht siehst!“

„Ich sehe was, was du nicht siehst!“ heißt ein altes Kinderspiel. Zwei sehbegabte Menschen blicken in dasselbe Umfeld. Der Erste nimmt dabei ein beliebiges Objekt ins Visier und der Zweite muss erraten, welches Objekt der Erste erwählt hat. Das Spiel macht insofern Sinn, als die Beobachtungsgabe, der Blick fürs Detail geschult wird.
Der Titel des Spiels ist in diesem Zusammenhang falsch definiert, weil beide zumindest das zu erratende Objekt sehen müssen.

Die Begabung des optischen Sehens besteht darin, dass mit Hilfe der Augen das Licht wahrgenommen wird. Das Licht kann vom menschlichen Auge in einem begrenzten Frequenzbereich erfasst und im Gehirn auf subjektive Weise bildhaft dargestellt werden. Zwei Menschen, die in dieselbe Richtung schauen, entwickeln in ihrem Kopf nur ähnliche Bilder. Die Wahrnehmung der Schärfe und Farbe der Bilder ist ebenfalls von der individuellen Wahrnehmungsfähigkeit abhängig. Die Wahrnehmung weicht noch weiter ab, wenn wir bewegte Bilder betrachten. Bei der Betrachtung einer komplizierten Situation, wie zum Beispiel einem Unfallhergang mit mehreren Beteiligten, weichen die Zeugenaussagen häufig ab. Noch weitere Abweichungen in den bildhaften Beschreibungen entstehen, wenn sich zwei oder mehrere Menschen an ihre Urlaubsbilder erinnern. Niemand ist in der Lage, die Bilder einer Reiseroute mit jedem Haus und Strauch so abzuspeichern, dass diese wie in einem Video wiedergegeben werden können. In der Erinnerung an die Reiseroute entsteht trotzdem keine Lücke. Unser Gehirn lässt keine Bilder mit Grauzonen zu. Erinnerungslücken werden mit Hilfe der Fantasie geschlossen bzw. vervollständigt. Das bedeutet, dass die Erinnerung eines Sehenden an eine Reiseroute von einigen Kilometern zu einem hohen Prozentsatz nur seiner Fantasie entspringen. So sehen die Bilder der Reiseroute eines Blinden auch aus.

Menschen, die eine Zeit lang gesehen haben und anschließend erblinden, füllen ihr Nichtsehen mit Bildern der Erinnerung und Fantasie aus.
Höre ich als Blinder ein Motorgeräusch, so kann ich dieses meistens einem Moped, einem Motorrad, einem Auto oder einem Lkw zuordnen. Automatisch formt meine Fantasie solch ein Fahrzeug. Das Fahrzeug meiner Fantasie wird kaum dem Fahrzeug der Realität entsprechen, aber mein Weltbild hat keine Lücke. Ich höre ein Flugzeug und sehe dieses, während die Sehenden nur vor Wolken schauen. Ich höre einen Vogel singen, sehe diesen auf einem Ast im Baum sitzen, während die Sehenden ihn auf einem Telefonmast wahrnehmen.
Die Angst vor dem Sehverlust beinhaltet zuerst die Sorge, Mobilität und Souveränität zu verlieren. Diese Sorge ist nicht unberechtigt, da die natürliche Existenzgrundlage

ohne optische Wahrnehmung zumindest für einen Einsiedler im Urwald bedrohlich wäre. Innerhalb einer Solidargemeinschaft mit menschlicher und kultureller Zuwendung müsste das Überleben gesichert sein. Mit Hilfe eines Mobilitätstrainings und technischer Hilfsmittel ist in der heutigen Zeit und mitten in Europa sogar für Blinde ein völlig selbstständiges Leben möglich.

Die Angst vor dem Sehverlust beinhaltet außerdem die Sorge, künftig in ein Nichts zu schauen. Schließt der Sehende die Augen, so ist das reale Bild verdeckt. Doch wie lange ist dieser Sehende in der Lage, trotz geschlossener Lider nichts zu sehen?

Das Gehirn holt nach kurzer Zeit Informationen über die übrigen Wahrnehmungsquellen ein. Geräusche rufen Bilder auf. Ebenso Gerüche und erst recht der Tastsinn.

Alle Informationen über diese übrigen Sinne können das Sehen nicht ersetzen. Aber sie lassen uns auf keinen Fall in einem schwarzen Nichts zurück.

Ein praktisches Beispiel für tägliche Fantasiebilder schafft das Telefonieren. Wie sieht denn die Dame vom Amt aus? Oder der Herr in der Telefonberatung, die Dame der Auskunft, der Mensch, der sich gerade bei uns entschuldigt, weil er sich verwählt hat? Jeder von ihnen erhält ein Gesicht, eine Gestalt. Je länger wir mit dieser fremden Person telefonieren, umso detaillierter sehen wir diese vor unserem geistigen Auge. Haben nicht auch die beliebte

Radiosprecherin und der Hörbuchsprecher ein Gesicht, das nur unserer Fantasie entspringt?
Noch sonderbarer wird es bei den Sehenden, wenn diese ein Buch lesen. Schriftzeichen lösen sich nach kurzer Zeit vor dem geistigen Auge auf und im Gehirn entsteht ein Kopfkino. Egal, in welcher Sprache das Wort ‚Königin', ‚Regina' oder ‚Queen' genannt wird, egal, ob in Keilschrift oder asiatischen Schriftzeichen, jeder einzelne Leser sieht eine Frau mit einer Krone.

Wenn ich als Vollblinder abends auf den Verlauf meines Tages zurückblicke, kann ich mich nicht erinnern, nicht gesehen zu haben. Da ich mich an meine Situation gewöhnt habe, ist das Nichtsehen nicht präsent. Was nicht präsent ist, kann auch nicht belastend wirken.
Das soll nicht bedeuten, dass mir mein Sehverlust leichtgefallen ist, dass ich mein Sehen nicht vermisse. Aber ich habe meine Trauerzeit hinter mich gebracht. Ich vergleiche den Verlust des Sehens mit dem Verlust eines innig geliebten Menschen.
Ein geliebter Mensch stirbt niemals ganz. Liebe entsteht nur auf gemeinsamen Wegen. Egal, ob der Weg lang oder kurz ist. Somit bleibt der Weg unauslöschlich ein Teil von uns. Somit ist auch der Wegbegleiter für immer ein Teil von uns.

Auch nach dem Verlust der Sehfähigkeit gehen die einst gesehenen Eindrücke nie völlig verloren. Sie bleiben die Quelle unserer optischen Fantasie.
Wer ohne Sehfähigkeit aufwächst, kann sich Farben und manche komplizierten Strukturen kaum vorstellen. Stattdessen bleibt ihnen das quälende Gefühl der Angst um den Sehverlust erspart. Sie haben ihre übrigen Sinne seit der Geburt so verfeinert, wie es Späterblindeten kaum möglich sein wird. Ihre Mobilität und Selbstständigkeit sind oft deutlich besser als bei Späterblindeten. Und Geburtsblinde haben selbstverständlich ein klares subjektives Weltbild.

18 Schlafstörungen bei Blindheit

Das Tageslicht ist ein wichtiger Taktgeber für unsere innere Uhr. Bei blinden Menschen, denen dieser Lichteinfluss fehlt, können sich die Schlaf- und Wachzeiten verschieben. Dabei stellt sich in den meisten Fällen ein etwa 25-stündiger Rhythmus ein. Seitdem ich das Tageslicht nicht mehr wahrnehme, leide ich hin und wieder unter starken Schlafstörungen. Ich werde dann morgens um vier Uhr wach. Auch Meditationsübungen helfen nicht in den weiteren Schlaf. Die Zeit bis zum Frühstück gegen acht Uhr überbrücke ich mit Hörbüchern oder Radiosendungen. Doch abends werde ich dann so müde, dass ich beim Fernsehhören einschlafe. Besonders dann, wenn Filme oder Beiträge nur mit hoher Konzentration nachzuvollziehen sind. Diese Phase dauert meistens eine Woche an. Dann verschiebt sich der Zyklus. Ich schlafe durch bis sechs Uhr, bald bis sieben und acht. Nach zwei weiteren Wochen dreht sich das Ganze wieder und die nächtlichen Radiosendungen gehören mir.

Für den Schlaf ist in unserem Körper das Melatonin verantwortlich. Licht bewirkt, dass der Melatoninspiegel gesenkt wird. Da Vollblinde kein Licht wahrnehmen, fällt die natürliche Regulierung des 24-Stunden-Rhythmus aus und die Schlaf- und Wachphasen verschieben sich.
Die Pharmazie möchte mit Hilfe von Melatonin-Agonisten gegen Schlafstörung bei Blinden den 24-Stunden-Rhythmus justieren. Ein entsprechendes Medikament ist bereits in Europa zugelassen. Da heftige Schlafstörungen besonders für Berufstätige eine zusätzliche Belastung darstellen, wäre eine medikamentöse Regulierung vielleicht angezeigt. Doch da alle Medikamente Nebenwirkungen aufweisen, sollte gut abgewogen werden. Auf jeden Fall sollte der Hausarzt unterrichtet werden. Bevor dieser eine gute Diagnose stellen kann, sollte man über die Schlafstörungen eine Zeit lang Buch führen. Schlafstörungen können schließlich auch andere Ursachen haben.
Na dann: Gute Nacht!

19 Brillen für die Ohren

„Bass … Fass … das … Maß … was … nass“
Die Stimme im Kopfhörer nennt mit kleinen Zwischenpausen viele ähnlich klingende Worte. Ich muss diese wiederholen und die Arzthelferin des HNO-Arztes macht sich Notizen. „Boot … Not … Brot … Schrot … Lot … Jod“
Nächster Test. Im Kopfhörer beginnt es tief zu brummen. Kaum hörbar. Es ist mehr so ein Gefühl, dass sich da etwas ändert. Dann deutlicher, klarer. Die mittelfrequenten Töne sind perfekt zu hören. Erst bei hohen Frequenzen wird alles wieder leiser.
„Sie haben einen Hörverlust“, diagnostiziert der herzliche Mediziner, „aber der ist nicht wesentlich auffälliger als bei Ihren Altersgenossen. Bei Männern lässt das Gehör ab dem fünfzigsten Lebensjahr langsam nach. Bei den Frauen erst Ende fünfzig. Da wir in fast gleichem Alter sind, geht es mir ähnlich.“

Mir ist seit der völligen Erblindung aufgefallen, dass auch mein Gehör nachgelassen hat. Bela hingegen hört extrem gut, sogar eine Hundepfeife. Diese Fähigkeit sollte mir von Rechts wegen zustehen, da seit der Antike bekannt ist, dass Blinde super hören können.
Der HNO-Arzt holt mich aus meinen Gedanken zurück und erklärt: „Sehende Menschen können bis zu vierzig Prozent ihres Hörverlustes mit den Augen ausgleichen. Wir Menschen lernen im Laufe des Lebens völlig unbewusst von

den Lippen, von der Gestik und der Mimik zu lesen. Auch die Sprache der Augen spricht Bände. Da Sie nicht sehen können, empfinden Sie Ihren altersgerechten Hörverlust viel extremer. Wenn Sie möchten, dann testen wir Hörgeräte aus, die Ihren Hörverlust ausgleichen."

Wie bitte? Ich soll neben meiner Erblindung, neben Sonnenbrille und weißem Stock, jetzt auch noch Hörgeräte tragen? Augenblicklich erinnere ich mich an die Hörgeräte meiner Ticktack-Oma in den sechziger Jahren. Groß wie Bananen hingen diese Dinger auf den Ohrmuscheln. Irgendwie habe ich soeben das Gefühl, dass man mich zur Witzfigur machen möchte.

Aber nein, das will dieser Arzt nicht. Ganz im Gegenteil. Er ist aufrichtig besorgt und hilfsbereit. Nur ich selbst schwanke wieder mal zwischen Vernunft und Minderwertigkeitsgefühlen.

Der erfahrene Mediziner baut mir eine Brücke: „Lassen Sie sich beim Akustiker verschiedene Modelle zeigen. Sie haben das Recht, mehrere Modelle auszuprobieren. Alles ist völlig unverbindlich. Danach können Sie sich immer noch gegen die Hörgeräte entscheiden."

Eine Woche später.

Der Akustiker ist mehr als freundlich. Einfühlsam. Er legt mir ein Hörgerät in die Hand. Nein, es hat nicht die Größe einer Banane! Es ist so winzig, dass es hinter der Ohrmuschel verschwindet. Ein haardünnes, transparentes Kabel biegt sich zwischen meinen grauen Schläfenhaaren zum Gehörgang, in welchem der Minilautsprecher ganz verschwindet. Bela meint, dass man mindestens dreimal hinsehen muss, um das Hörgerät zu entdecken. Alle sind so nett, so bemüht, so einfühlsam. Und alle, die mir diese Brillen für die Ohren aufschwatzen wollen, tragen selbst kein Hörgerät. Brauchen sie ja auch nicht. Sie haben gesunde Augen, die den leichten Hörverlust kompensieren!

Die heutigen Hörgeräte werden über ein Computerprogramm gesteuert und exakt dem Gehör angepasst. Als diese ihre Arbeit aufnehmen und meine Trommelfelle beschäftigen, fällt im Mittelohr der Hammer scheinbar vom Amboss. Ich zucke zusammen. Alles ist extrem laut. Hört sich teilweise künstlich, blechern an. Mit der Feinabstimmung wird alles angenehmer. Nun höre ich auch ganz leises Flüstern, selbst das Ticken einer mechanischen Uhr.
Ich ‚darf' die Hörgeräte mit nach Hause nehmen. Toll! Was für eine Ehre! Draußen, in der Fußgängerzone, bin ich mir sicher, dass mich alle ansehen. Klar, niemand von denen rennt hier mit einer Stereoanlage auf den Ohren herum. Denke ich ...
Alle Geräusche sind unglaublich laut: der Motor unseres Autos, die Hupe irgendeines Idioten, das sich öffnende Garagentor; selbst die Vögel im Baum scheinen über eine Verstärkeranlage zu singen. Schrill!

Zuhause setze ich mich an den Computer und checke die Mails. Die Tastatur klappert extrem. Scanner, Drucker, alles macht irre Geräusche. Geräusche, die mich zuvor nie gestört haben.
Ich greife zur Gitarre. Was ist denn nun geschehen? Die Stahlsaiten scheppern wie die Drähte eines Eierschneiders. Soll dieser Zustand nun ein Zugewinn sein? Ich nehme die Hörgeräte heraus und verbanne sie in ihren Transportbehälter. Die Gitarre klingt wieder normal, warm und harmonisch.
Abends.
„Der Fernseher ist wieder so laut!“, beklagt sich Bela. „Du hast doch nun Hörgeräte.“
Schmollend baue ich die Stereoanlage in die Ohren. Mein Gott, ist die Flimmerkiste laut. Wer hat die denn eingestellt? Ich regele die Lautstärke herunter und Bela entspannt sich. Tatsächlich ist vor allem die Sprache im TV viel besser zu verstehen.

Der Akustiker hat mir empfohlen, die Hörgeräte in verschiedenen Situationen zu testen. Also gehen Bela und ich in ein gut besuchtes italienisches Restaurant. Es gehört zum momentanen Trend, dass die Tische keine Tischdecken mehr haben, Gardinen und Teppiche gibt es nicht. Will sagen, dass alle die Stoffe fehlen, die den Schall reduzieren. Eine erwartungsvolle Kinderschar freut sich lautstark auf die

Pizza und meine Hörgeräte veranstalten in den Gehörgängen ein Feuerwerk.
Die modernen Hörgeräte besitzen mehrere Programme. Mit einem Fingertipp schalte ich den Empfang um und sofort ist der Lärm gedämpft. Trotzdem verstehe ich Bela besser, als das ohne Hörgeräte vorher möglich war. Wir bestellen, essen und bezahlen. Nach zwei Stunden im Restaurant habe ich Kopfschmerzen und zu Hause angekommen nehme ich die Hörgeräte wieder heraus.

Während einer Geburtstagsparty läuft laute Musik. Das ist für mich mit Hörgeräten unerträglich. Ich schalte sie aus. Als die Musik einen Moment Pause macht, schalte ich wieder ein und nehme an Gesprächen in großer Runde teil. Ringsherum Geplapper, aber ich verstehe alles viel besser als zuvor.

Wieder beim Akustiker schildere ich meine Erfahrungen. Er fragt mich, ob ich die Geräte ganztägig getragen habe. Ich antworte ehrlich, dass diese nur punktuell in Betrieb waren. Glück gehabt! Achtung, liebe Neulinge an den Hörgeräten! Dank der Computer kann der Akustiker ablesen, wie lange die Hörhelfer in Betrieb waren.
Ich beklage, dass meine Gitarre im Hörgerät grässlich klingt. Der Akustiker erweitert die Funktionen um einen Musikmodus. Neben der normalen Einstellung kann ich nun

durch zweimaliges Tippen einen gedämpften Modus und durch dreimaliges Tippen ein Musikprogramm wählen.
Nach insgesamt sechs Sitzungen beim Akustiker sind meine Hörgeräte für viele Situationen gewappnet. Nur wenn ich in meiner Schreibstube sitze, benutze ich sie nicht. Warum soll ich das Geklapper der Tastatur, das Summen des Rechners, das Rauschen der Heizung, das Gemecker des Nachbarn, das Hupen der Autos auf der Straße oder die Flugzeuge akustisch verstärken? Ich bin ja nicht schwerhörig. Es fehlen mir nur ein paar hohe Frequenzen. Und für dieses Defizit sind meine Hörgeräte ein Gewinn.

Außerdem bin ich im Freundeskreis wieder mal der Vorreiter. Zwei weitere Altersgenossen haben nun auch was auf die Ohren bekommen und deren Frauen genießen das deutlich leisere TV-Programm. Nur Mut!

20 Blind ist in besonderen Fällen fast alles möglich

Zu Beginn einer Behinderung warten oft Enttäuschung über das Schicksal, Trauer um verlorene Fähigkeiten, Zweifel über die verbliebenen Eigenschaften und Frust.
Zwei typische Fragen stehen im Raum. Die erste lautet: „Wieso hat das Schicksal mich getroffen?"
Diese Frage lässt sich rhetorisch mit einer Gegenfrage beantworten: „Wieso soll es jemand anderen treffen?"

Über dieses Thema lässt sich stundenlang philosophieren, da die Suche nach dem Selbstverschulden oder Fremdverschulden entfacht wird. Fremdverschulden wäre auch ein vorbestimmtes Schicksal, und damit tun sich unendlich viele religiöse Fragen auf.
Was halten Sie ironischerweise von folgendem Gebet oder Wunschdenken? „Heiliger St. Florian, verschon‘ mein Haus, zünd‘ andere an!“
Nach Ihrem erfolgreichen Gebet wird der andere fragen: „Warum brennt mein Haus? Wieso trifft es mich?“
Sie sehen, dass diese Frage zwar zutiefst menschlich, aber völlig sinnlos ist. Sinnlos, weil selbst eine Antwort keine Änderung Ihrer Situation herbeiführen würde.

Die zweite Frage akut Betroffener lautet: „Wie kann es mit einer Sehbehinderung oder Erblindung überhaupt weitergehen?“
Ich kann Sie beruhigen! Es wird mit professioneller Hilfe sogar gut weitergehen. Vorausgesetzt, der Betroffene macht fleißig mit!
Die erste Barriere, die es zu überwinden gilt, befindet sich im eigenen Kopf und heißt Antriebslosigkeit! Sie ist kein Phänomen, das nur Kranke und Behinderte trifft. Sie ist menschlich. Sie wacht über unsere Erschöpfungszustände und zieht in unserer viel zu schnelllebigen Welt oft sinnvoll die Notbremse. Doch wer auf dem Gleis zu lange stehenbleibt, der kommt nicht weiter, rostet irgendwann ein und ist

dann völlig immobil. Immobilität entbehrt jeder Freiheit. Diese wäre dann in diesem Fall selbst auferlegt.
Tausendfach beweisen sehbehinderte und blinde Menschen, dass sie in zahlreichen Berufen ihre Frau bzw. ihren Mann stehen. Sie engagieren sich in Selbsthilfegruppen, Vereinen, Verbänden, in der Sozialpolitik, im Sport und der Kultur. Sie alle beweisen, dass eine Behinderung nur solange eine Behinderung bleibt, wie diese nicht durch Tapferkeit, Schulung und kluge Strategien überwunden wird. Wer diese Barrieren hinter sich lässt und außerdem extrem große Talente mitbringt, kann fast alles erreichen. Wer recherchiert, wird Namen blinder Personen im höchsten Richteramt und auf den Weltbühnen der Musik finden. Es gibt sogar einen türkischen blinden Maler, dessen Bilder weltberühmt sind. Über ihn wurde der Film gedreht ‚Der mit den Fingern malt'. Blinde Frauen und Männer gewinnen im Sport Weltmeistertitel und tragen Goldmedaillen nach Hause.
2013 bestieg eine blinde Sportlerin in Begleitung den Kilimandscharo, den höchsten Berg Afrikas, und sie bestieg als erster blinder Mensch auch den Mount Meru im selben Bergmassiv. Alle diese blinden Lichtgestalten erreichten ihre persönlichen Gipfel nicht wegen sondern trotz ihrer Behinderung.
Die Deutsche Blindenstudienanstalt und der Deutsche Verein der Blinden und Sehbehinderten in Studium und Beruf in Marburg vergeben die Strehl-Plakette, die nach ihrem

Gründer Carl Strehl benannt ist. Das ist eine Auszeichnung für Personen, die sich um Blinde verdient gemacht oder als Betroffene mit eigenen Leistungen erheblich zum Ansehen Nichtsehender beigetragen haben.
Ich habe in diesem Abschnitt bewusst keine Namen aus der langen Reihe der besonders erfolgreichen Sehbehinderten und blinden Personen herausgestellt, weil mir eine Auswahl nicht zusteht. Aber ihre großen Errungenschaften dürften allen Betroffenen die Hoffnung geben, dass Behinderte mehr als eine hohe Barriere überwinden können.

21 Es darf gelacht werden!

Witze gehören zum täglichen Leben. Sie sind Geschmacksache. Was halten Sie von Witzen über Krankheiten und Behinderungen? Ich selbst finde es nicht diskriminierend, wenn ein blinder Mensch als Blinder bezeichnet wird. Die Diskriminierung beginnt für mich dort, wo der Begriff Blinder provokant oder verletzend eingesetzt wird. Wenn die Bezeichnung abwertend gemeint ist. Es kommt auf die Betonung an. Das Wort ‚Weib' zum Beispiel wird in der Bibel ehrenhaft verwendet, ist in unserem heutigen Sprachgebrauch aber eher abwertend gemeint. Der Volksmund geht mit den Begriffen der Behinderungen sehr freizügig um. Wer seine Brille vergessen hat, ist blind. Wer zu langsam läuft, ist lahm. Wer nicht richtig hinhört, ist taub. So ähnlich ergeht es der blinden Eule, der lahmen Ente und der tauben

Nuss. In den meisten Fällen sind diese Redensarten nicht böse gemeint und deshalb sollten sich Behinderte als gesunde Distanz ein dickes Fell anschaffen.
Tollheit galt früher als geistig verwirrter Zustand. Heute ist das Wort ‚toll' positiv besetzt. Alles was toll ist, ist jetzt außergewöhnlich gut. Sprache verbindet oder verletzt. Es kommt immer darauf an, wer etwas sagt und wie man etwas sagt. Das richtige Taktgefühl ist bei einer guten Kommunikation ausschlaggebend. Genauso kommt es auf das Taktgefühl an, also wo, wie und wann man einen Witz erzählt. Witze sind oft kleine Anekdoten, die ein Missgeschick beschreiben, über das man schmunzeln oder sogar laut lachen darf. Ich erzähle gerne Witze, da diese zu einem humorvollen Menschen gehören. Guter Humor schafft eine gesunde Distanz zu den schwierigen Situationen unseres täglichen Lebens. Außerdem ist Lachen gesund, da sich laut der Wissenschaft dabei viele notwenige Stoffwechselprozesse im Körper in Gang setzen. Menschen auszulachen ist jedoch verwerflich!
Ich habe nachfolgend versucht, die bekanntesten Blindenwitze in einer humorvollen Szene zu vereinen. Also viel Spaß damit!

Der witzige Blindenstammtisch

Ein Mann kommt mit seinem weißen Stock in die Gastwirtschaft und sucht zielgerichtet den Blindenstammtisch auf. Alle Plätze sind noch frei und er setzt sich auf den ersten Stuhl. Er trägt eine gelbe Armbinde mit drei

schwarzen Punkten. Der neue Kellner fragt ihn, was die drei schwarzen Punkte bedeuten.
Er antwortet: „Das ist das klassische Zeichen für eine Erblindung."
Der Kellner wird neugierig und fragt weiter: „Gibt es auch noch andere Armbinden für Menschen, die schlecht sehen?"
„Oh ja, die gibt es tatsächlich. Die Kriegsblinden haben auf ihrer Armbinde drei schwarze Panzer. Bergsteiger, die schneeblind wurden, haben drei Schneeflocken auf der Binde. Die Nachtblinden hingegen tragen eine schwarze Binde mit drei gelben Sternen. Bei den Farbenblinden sind auf dem schwarzen Grund ein roter, ein gelber und ein blauer Punkt."
Der Kellner ist beeindruckt. Er nimmt die Getränkebestellung des Gastes auf und kehrt nach zehn Minuten mit einem Bier zurück. Hilfsbereit führt er das Glas an die Hand des Gastes. Die Tür der Schenke öffnet sich. Eine blinde Frau lässt sich von ihrem Hund zu einem freien Platz am Stammtisch führen und fragt: „Schon jemand hier?"
Der Blinde nennt seinen Namen und die Frau grüßt herzlich.
Der Kellner fragt die Frau: „Ist das ein echter Blindenhund?"
Sie scherzt: „Nein, der Hund ist nicht blind. Es reicht schon, dass ich nichts sehe. Richtig heißt es Blindenführhund, da dieses speziell ausgebildete Tier im Straßenverkehr tatsächlich die Führung übernimmt. Wir bilden ein Gespann." Liebevoll streichelt sie dem Hund über den Kopf.
Der Kellner nimmt ihre Weinbestellung auf und geht

hinter seinen Tresen.
Der nächste blinde Gast trifft ein. Er lauscht nach bekannten Stimmen, tastet mit seinem weißen Stock zum Stammtisch und grüßt: „Hallo, ihr zwei, schön euch zu sehen!“ Seine Finger finden einen freien Platz und er setzt sich.
Der Kellner kommt und bringt der Dame ihren bestellten Rotwein. Der neue Gast bestellt ein Wasser.
Der Kellner sprich zögernd den ersten Gast an: „Sie haben mir vorhin so ausführlich die verschiedenen Blindenbinden beschrieben. Ich habe da noch eine Frage. Können Blinde eigentlich überhaupt noch etwas sehen?“
„Das ist unterschiedlich“, antwortet der Gast. „Einige sehen noch etwas Licht. Andere manchmal sogar kontrastreiche Strukturen. Und dann gibt es selbstverständlich auch Blinde, die ganz blind sind. Aber diese können Sie leicht erkennen. Die tragen eine gelbe Binde mit drei schwarzen Gänsen.“
Die blinde Frau kann ihr Lachen nicht mehr unterdrücken und schnauft laut durch die Nase aus.
Fragt der Gast mit dem Bier: „Was war das denn für ein zischendes Geräusch? Hat jetzt jemand ein Dosenbier aufgerissen? Ist das Fass etwa schon leer?“
Noch bevor der Kellner etwas antworten kann, betritt eine weitere blinde Frau die Gaststube und tastet zum Stammtisch. Die ersten drei nennen ihre Namen und die Frau nimmt Platz. Sie bestellt beim Kellner einen Tee und ein mit Käse belegtes Mohnbrötchen.
Dieser kehrt schon bald mit der Bestellung zurück und erklärt, wo Brotteller und Teetasse abgestellt sind. Verwundert beobachtet er, wie die Frau ihre Fingerkuppe auf die

obere Hälfte des Mohnbrötchens legt und ganz langsam von links nach rechts streicht. Dann sagt sie empört: „Das Brötchen ist aber nicht frisch!"
Der Kellner fragt: „Wie kommen Sie denn darauf?"
„Weil auf diesem Brötchen die Kurznachrichten von gestern stehen."
Da die gesamte Runde lacht, sagt der Kellner: „Ich habe längst verstanden, dass Sie mich permanent auf den Arm nehmen wollen. Doch nun mal im Ernst. Ist es eigentlich sehr schwer, die Blindenschrift zu erlernen?"
Antwortet die Frau mit dem Mohnbrötchen: „Das ist alles eine Übungssache. Ich war zum Beispiel als blinde Austauschschülerin in London. Damals war das Wetter zwei Wochen lang so schlecht, dass ich kaum aus dem Zimmer gekommen bin. Aus lauter Langeweile habe ich dann die gesamte englische Raufasertapete ins Deutsche übersetzt. Das gibt viel Übung."
Andere Gäste rufen nach der Bedienung und der geduldige Kellner zieht schmunzelnd weiter.
Sagt einer der Blinden: „Ich bin übrigens auch mal mit dem Schiff nach England gefahren. Da wurde mir ganz mulmig. Als ich die Kapitänsbrücke passierte, da stand die Tür etwas auf und ich konnte ein Gespräch belauschen. Eine Stewardess sagte zu dem diensthabenden Offizier: „Wir haben einen blinden Passagier an Bord. Was sollen wir mit ihm machen?"
Der Offizier antwortete: „Werfen Sie ihn einfach über Bord."
Fragte die Stewardess: „Aber was machen wir danach mit seinem Hund?"
Die Stammtischrunde klopfte sich lachend auf die

Schenkel. Als sich alle zugeprostet und getrunken hatten, erzählte der mit dem Bier: „Wie ihr wisst, spiele ich in einer Zweimann-Band die Gitarre. Wir machen Tanzmusik. Beim letzten Auftritt hatte mein sehender Pianist plötzlich einen Hörsturz. Ich blickte ihn an und fragte: „Tanzen die Gäste schon?“
Scheinbar hatte er von meinen Lippen lesen können und fragte zurück: „Wieso, spielen wir denn schon?“

Kapitel III – Blind in die Welt der Literatur

01 Blind lesen und schreiben

Der Franzose Valentin Haüy widmete sich in der zweiten Hälfte des 18. Jahrhunderts dem Studium der Sprachwissenschaften.

Er ist Lehrer, als er erleben muss, wie am Place de la Concorde in Paris Blinde des Quinze-Vingts Hospice während des religiösen Straßenfestes Saint Ovid's Fair zum Gespött der Leute gemacht werden. Sie tragen Narrenkappen und spielen ungelernt auf Instrumenten. Haüy will Abhilfe schaffen.

Mit Hilfe der blinden Komponistin, Pianistin und Musikpädagogin Maria Theresia Paradis aus Wien ist es Haüy möglich, seine Ideen und Systeme zu einer Blindenschrift weiterzuentwickeln. Für Maria Theresia Paradis war ein Setzkasten gebaut worden, mit dem sie ihre Korrespondenz verfassen, ihre Noten selbst drucken und so blinde und sehende Schülerinnen gemeinsam unterrichten konnte.

1784 gründet Valentin Haüy in Paris die erste Blindenschule der Welt. Da es noch keine Blindenschrift gibt, wird versucht, die lateinischen Buchstaben spiegelverkehrt in dickes Papier zu prägen.

Es folgen die Französische Revolution und die napoleonische Zeit.

1809, am 4. Januar, wird im Dorf Coupvray in der Sattlerfamilie Braille der kleine Louis als viertes Kind geboren.

Schon vier Tage nach der Geburt wird Louis getauft, da zu dieser Zeit die Kindersterblichkeit noch sehr groß ist. Vater Simon fertigt in seiner Werkstatt Sättel und Zaumzeug auch für Kunden an, die von weit her kommen. Werkstatt und Wohnstube sind typischerweise direkt nebeneinander. So ist es ganz normal, dass auch der kleine Louis zwischen den dicken Lederrollen spielt. Die scharfen und spitzen Sattlerwerkzeuge hat der Vater außer Reichweite gehängt. 1812 ist der dreijährige Louis kurzfristig unbeaufsichtigt. Er greift zu einem scharfen Messer und versucht, damit selbst das Leder zu schneiden. Die Klinge rutscht aus und stößt in sein Auge. Der Arzt ist rasch zur Stelle, verordnet Kompressen und Dunkelheit zur Schonung. Das Auge entzündet sich und infiziert auch das andere Auge. Antibiotika gibt es zu dieser Zeit noch nicht.
Während Napoleon seine Truppen Richtung Russland lenkt, sieht Louis nur noch schattenhafte Bilder. Als Napoleon nach verlorener Schlacht heimkehrt, ist Louis erblindet. Vater Braille lehrt seinem Sohn das Flechten von Lederzöpfen für Pferdegeschirre.

Nach der 1814 verlorenen Völkerschlacht bei Leipzig flüchtet Napoleon nach Paris und wird von seinen Gegnern verfolgt. Die Familie Braille quartiert gegnerische Soldaten ein.

1816 sorgt der Dorfpfarrer dafür, dass Louis trotz der Erblindung in einer Regelschule angenommen wird. Vater

Braille erstellt ein Brett mit Nägeln, die tastbare Buchstaben bilden. Anhand der runden Nagelköpfe liest Louis mit den Fingern ab und erlernt das Alphabet. Der Gemeindepfarrer unterrichtet Louis zusätzlich in vielen Fächern, auch in Musik.

1819 bekommt Louis ein Stipendium für die Blindenschule, die Valentin Haüy in Paris gegründet hat. Simon Braille und Sohn Louis reisen mit der Postkutsche in die sechsunddreißig Kilometer entfernte Hauptstadt. Die ersten Tage in völlig fremder Umgebung und unter hundert neuen Schülern sind für den Zehnjährigen ein Horror. Im Gegensatz zu seinem Dorf stinkt es erbärmlich in dieser Stadt. Alle Unterrichtsräume und Zimmer sind klein und eng. Die feuchte Unterkunft ist so schlecht, dass viele Mitschüler krank werden und sterben. Louis Lunge infiziert sich. Trotzdem erlernt er Orgel, Klavier und Cello. Alle Schüler spielen und singen gleichzeitig im einzigen Musikzimmer und erzeugen eine furchtbare Kakophonie. Doch Louis ist so begabt, dass er rasch vorankommt. Die Schule besitzt vierzehn Bücher mit der unpraktischen Reliefschrift. Auch der Setzkasten von Maria Theresia Paradies ist Louis Braille bekannt. Doch er sucht nach einer besseren Blindenschrift.
Zu dieser Zeit wird für das Militär eine Nachtschrift entwickelt. Diese Lautschrift gibt durch 36 Variationen von 12 Punkten die Grundlaute der französischen Sprache wieder. So können im Dunkeln Informationen zwischen den

feindlichen Stellungen verbreitet werden, ohne dass ein Licht die Position der Soldaten verrät. Nach dem Krieg wird diese Schrift an der Blindenschule zu Paris eingeführt. Doch Louis bemängelt das Fehlen von Orthographie, Interpunktion und Ziffern. Doch die Idee mit den Punkten lässt Louis nicht mehr los. Er drückt mit einem Stichel Punkte in Papier, das auf einem weichen Brett liegt.

1825, als Louis sechzehn Jahre alt ist, findet er die Lösung. Seine neue Schrift benötigt nur sechs Punkte, drei in der Höhe, zwei in der Breite. Seine Mitschüler sind begeistert. Louis wird mit neunzehn Jahren zum Hilfslehrer ernannt. Mit vierundzwanzig ist er Lehrer und bekommt ein kleines Gehalt. Er wird auch Organist in Notre Dame.

1829 wird das Lungenleiden immer schlimmer und entwickelt sich in den nächsten Jahren zu einer Tuberkulose.

Mit 27 Jahren liest Louis seine Blindenschrift genauso schnell, wie Sehende die Schwarzschrift. Die Zuhörer glauben aber, dass er die Texte auswendig gelernt hat und verlassen die Vorträge.
Ein neuer Schuldirektor verbietet die Punktschrift. Seine Begründung liegt darin, dass sich die Blinden mit einer Schrift, die Sehende nicht lesen können, gesellschaftlich abgrenzen würden. In Wahrheit hat er eine eigene

Buchstabenschrift entwickelt und möchte die Konkurrenz beseitigen.

Am 6. Januar 1852 stirbt Louis Braille im Alter von nur 43 Jahren an den Folgen der Tuberkulose. Erst nach seinem Tod werden auch in anderen Ländern Bücher in Brailleschrift gedruckt. Im Jahre 1949 wird die Brailleschrift von der UNESCO weltweit als Standard-Blindenschrift anerkannt. Louis Braille wird im Sommer 1952 in der internationalen Ruhmeshalle im Pantheon (Paris) zur letzten Ruhe gebettet.
Der große Napoleon hat diese Ruhmeshalle nicht erreicht. Der Kaiser ruht im Invalidendom.

Die Brailleschrift kann man sich so vorstellen:
Jeder Buchstabe hat maximal sechs Punkte. Drei Zeilen mit jeweils zwei Punkten. Daraus ergeben sich 64 Kombinationsmöglichkeiten. Die Punkte werden von hinten in dickes Papier geprägt, sodass sie auf der Vorderseite eines zu lesenden Dokuments als Erhöhung mit den Fingerspitzen zu ertasten sind.
Um die Brailleschrift zu erlernen, ist ein Vollschriftkurs von bis zu 60 Lektionen erforderlich. Ein darauf aufbauender Kurzschriftkurs benötigt über 50 weitere Lektionen. Parallel dazu wird der Umgang mit der Punktschriftmaschine und dem Computer erlernt. Mit der Braille-Schrift werden auch Musiknoten, Mathematik, Chemie und sogar Strickmuster

erfasst. Wer die Blindenschrift ertasten möchte, kann sofort zu Hause damit anfangen. Sie befindet sich in Deutschland gesetzlich vorgeschrieben auf allen Medikamentenpackungen.
So faszinierend die Braille-Schrift ist, so schwierig ist sie zu erlernen bzw. in der Praxis anzuwenden. Deshalb wird sie von spät erblindeten Menschen eher vernachlässigt. Nicht zuletzt auch deshalb, weil die moderne Technik mit Hilfe ihrer revolutionären Computersprachprogramme die tastbaren Informationen abgelöst hat. Statt zur taktilen Blindenuhr greifen viele heute eher zur sprechenden Uhr. Einst wurden mit selbstklebenden Punktschriftetiketten Zucker-, Salz-, Pfeffer- und Gewürzdosen tastbar kenntlich gemacht. Doch heute gibt es Barcode-Etiketten, die mit Hilfe eines elektronischen Stifts besprochen werden können.
Hält man diesen Lesestift mit seinem Sensor an das technische Etikett einer Zuckerdose, und sagt deutlich „Zucker", dann wird die eigene Stimme gespeichert. Hält man erneut den Stift an das Etikett, so ist das aufgesprochene Wort „Zucker" sofort zu hören. Ich habe auf diese Weise meine CD-Sammlung etikettiert, ebenso meine Aktenmappen und vieles mehr.

Die schriftliche Korrespondenz der Blinden hat sich ebenfalls völlig geändert. Einst haben Blinde mit Prägemaschinen ihre Nachrichten gedruckt und an Leute versendet, die diese lesen konnten. Heute schreiben viele Blinde mit Hilfe des Computers ihre E-Mails genauso wie Sehende. Dazu werden handelsübliche Rechner und Tastaturen verwendet. Zusätzlich wird ein Screen Reader-Programm installiert, das den Text im Monitor per Sprachausgabe vorliest. Zur blinden Bedienung der Tastatur muss allerdings das Zehn-Finger-Schreibsystem beherrscht werden.

Ich habe meinen Screen Reader so eingestellt, dass er mir während des Schreibens das getippte Wort erst dann vorliest, wenn ich ein Leerzeichen oder eine Interpunktion eingebe. Die Sprachausgabe liest ganz nach Wunsch Buchstaben, Wörter, Sätze und Fließtexte. Auch die Kommunikation im Internet ist möglich. Alle öffentlich-rechtlichen Websites sind barrierefrei. Viele andere Seiten lassen sehr zu wünschen übrig oder sind mit dem Screen Reader gar nicht erreichbar.

Schwarzschrift in normalen Dokumenten kann eingescannt und von einem Texterkennungsprogramm gespeichert werden. Diese liest der Screen Reader ebenfalls vor. So hat die Computertechnik die Blinden im Bereich der schriftlichen Kommunikation weitgehend unabhängig gemacht. Aber nicht nur das. Mittlerweile können sehr begabte Blinde auch zum Informatiker ausgebildet werden. Dazu ist der perfekte Umgang mit der Brailleschrift die Grundvoraussetzung. Um alle Funktionen des Rechners bedienen zu können, wie zum Beispiel bei der vollwertigen Bearbeitung einer Website, erhält die dreizeilige Punktschrift eine vierte Zeile mit zwei Punkten hinzu. Mit diesen acht Punkten sind dann 256 Kombinationen möglich. Um die blindentechnischen Informationen des Computers ertasten zu können, befindet sich vor der normalen Computertastatur zusätzlich eine Braille-Zeile, die die Textzeile in tastbarer Blindenschrift wiedergibt.

Wir dürfen auch nicht vergessen, dass es Menschen gibt, die blind und taub sind. Ich habe eine solche Gruppe während eines Seminars in einem Blindenzentrum getroffen. Diese Behinderten kommunizieren mit den Fingern und Händen. Ihre Sprache nennt sich Lormen. Das Lorm-Alphabet wurde von Hieronymus Lorm 1881 aus eigener Betroffenheit heraus entwickelt. Diese Form der Verständigung öffnete taubblinden Menschen ein Tor zur Außenwelt und befreite sie aus der Isolation. Sie setzte sich in Deutschland wegen ihrer leichten Erlernbarkeit und Effizienz durch. Das Lormen- oder Lorm-Alphabet dient der Kommunikation von Taubblinden mit anderen Menschen: Der „Sprechende“ tastet dabei auf die Handinnenfläche des „Lesenden“. Dabei sind einzelnen Fingern sowie bestimmten Handpartien bestimmte Buchstaben zugeordnet. Menschen, die blind und taub sind, können mit dem Screen Reader nichts anfangen. Sie müssen die Blindenschrift perfekt beherrschen, um mit ihr per Post oder per Braillezeile am Computer kommunizieren zu können.

Die Blindenschrift fasziniert viele Menschen, da sie ohne spezielle Kenntnisse und intensive Übung nicht gelesen werden kann. Sie wirkt wie eine Geheimschrift. Seit der Erfindung dieser Pickelschrift hält sich über Generationen das Gerücht, dass sich auf Mohnbrötchen, Rauputz und Raufasertapeten geheime Botschaften befinden. Ich möchte dieses Gerücht nicht entkräften, denn jetzt, liebe Leser, betrachten Sie die Raufasertapeten Ihrer Wohnung vielleicht mit anderen Augen.
(Quellen: Einige Angaben sind einer Broschüre der Schweizerischen Bibliothek für Sehbehinderte und Blinde aus dem Jahr 2006 entnommen, andere entstammen Wikipedia oder meinen Erfahrungen aus der Sehbehindertenszene)

02 Ich wollte auch wieder schreiben können!

Behinderungen machen erfindungsreich. In der letzten Phase meines Restsehens hatte ich mit einem Bildschirmlesegerät gearbeitet. Die Konstruktion hatte fast meinen gesamten Schreibtisch eingenommen. Der Monitor, noch ein schweres Röhrengerät, stützte sich in der Kopfhöhe zum Anwender auf Winkeleisen. So entstand zwischen Schreibtischplatte und Monitor ein Freiraum mit einer Höhe von zwanzig Zentimetern. Unter dem Monitor befand sich eine Videokamera, die sich auf die Objekte richtete, die ich im Monitor sehen wollte. Je nach Buchstärke musste noch exakt fokussiert werden, damit es zu einer scharfen Darstellung kam. Wurde zum Beispiel Schrift im Monitor sichtbar, so konnte ich diese nun stufenlos bis zu 45-fach vergrößern. Dank dieses optischen Hilfsmittels hatte ich die Möglichkeit, mit einem Stift ein Dokument auf der Schreibtischplatte handschriftlich zu bearbeiten. Während des Schreibens musste ich oben im Monitor beobachten, was ich unten auf der Tischplatte zu Papier brachte. Das war sehr gewöhnungsbedürftig. Dann kam ich auf die Idee, nicht nur mit einem Kugelschreiber handschriftlich unter der Kamera zu schreiben, sondern eine flache Reiseschreibmaschine unter das Objektiv zu stellen. Die Kamera richtete ich über die Stelle, an dem die Buchstaben auf das Papier getippt wurden. So konnte ich während des Schreibens wieder Tippfehler erkennen und diese mit einer Korrekturtaste beseitigen. Aufgrund des geringen Platzes unter dem Monitor musste ich das DIN-A4-Blatt eng aufrollen, damit es während des Schreibens nicht geknickt wurde. Alles recht umständlich, aber eine praktikable Möglichkeit, das selbstständige Schreiben immer noch zu erhalten.

Die Talfahrt meiner Sehkraft ging jedoch weiter. Ich verlor auch den letzten Sehrest. Was nun? Meine sehenden Altersgenossen schimpften wie die Spatzen über die Einführung des Computers am Arbeitsplatz, ich hingegen kaufte den Meinen freiwillig. Um diesen überhaupt bedienen zu können, musste ich zu meinen Kosten ein blindentech-

nisches Sprachprogramm kaufen, das teurer als der gesamte Computer war. Zu dieser Zeit gab die Krankenkasse noch keinen finanziellen Zuschuss, der heute selbstverständlich ist.
Meine pubertierenden Kinder gaben dem Papa eine grobe Einführung, bis ich wenigstens die Bedienungsanleitung des Sprachprogramms hören konnte. Dann ging alles ganz schnell. Bereits nach neun Monaten konnte ich schon erfolgreich die erste E-Mail verschicken. Das ist kein Scherz!
Liebe Leserin, lieber Leser, wenn Sie doch aufgrund meiner ungewöhnlich langen Einarbeitungszeit schmunzeln, dann vergessen Sie bitte nicht, dass Blinde ohne Maus arbeiten. Alles wird mit Tastenkommandos durchgeführt. Ebenfalls blind! Innerhalb der neun Monate hatte ich eine eigene Anwendungsliste geschrieben, die sechs Seiten lang war.

Die Deutsche Zentralbücherei für Blinde bietet seit einigen Jahren in der Hörbuchversion oder als Word-Datei verschiedene PC-Kurse an, die unter www.ohne-maus.de zu finden sind. Computerlehrgänge für Blinde werden heutzutage vielfach angeboten. Finanziert werden diese aber nur für Berufstätige, die den Rechner am Arbeitsplatz verwenden müssen.

Selbst finanziert und autodidaktisch gerüstet stand mir nun die Welt des Schreibens offen.
Schreiben bedeutet Freiheit!

03 „Schreibe über dein außergewöhnliches Schicksal doch mal ein Buch!“

Entsprechend diesem Aufruf herzlich guter Freunde erarbeitete ich als Erstlingswerk in mehreren Anläufen ein autobiographisches Manuskript und gab diesem den Titel „Im Testprogramm des Schicksals“. Das war ein großer Schritt! Der Nächste sollte nicht weniger spannend werden, denn nun begann die Verlagssuche. Wie viele Laien des literarischen Gewerbes hatte auch ich die romantische Vorstellung, dass die großen Verlage nur auf gute Texte und Nachwuchstalente warten. Ich recherchierte im Internet mit den Schlagworten ‚Verlag sucht Autor‘ und erhielt viele verlockende Hinweise. Ich sendete mein Manuskript an fünf namhafte deutsche Verlage und wartete gespannt auf Antwort. Im Mai 2009 erhielt ich die erste Post eines Frankfurter Lektorats. Ich konnte es kaum erwarten, dass meine Frau den großen Briefumschlag öffnete und die ersten Zeilen vorlas:

„Sehr geehrter Herr Kleffner, über die Einsendung Ihres Manuskripts haben wir uns sehr gefreut. Nach einer ersten Prüfung – die positiv ausgefallen ist – haben wir es zur Begutachtung an einen Fachlektor weitergegeben.

Unser Verlag bringt in seinem Buchprogramm exquisite Stücke neuer Literatur heraus. Das Programm konzentriert sich insbesondere auf neue, im Markt noch unbekannte Autoren. Wie Ihnen sicherlich bekannt ist, scheuen die meisten anderen renommierten Verlagshäuser das Risiko,

deutschsprachige Autoren herauszubringen, weil die Buchbranche seit Jahren von amerikanischen Lizenzen dominiert wird.
Unser Verlag widmet sich auch den großen Traditionen der deutschen Literatur. Aus seiner historischen Orientierung heraus hat der Verlag sich entschieden, ein Wagnis einzugehen und gerade die benachteiligten Autoren deutscher Zunge neu zu fördern."

Im Juni 2009 erreichte mich die Entscheidung des Verlags: „Sehr geehrter Herr Kleffner, die Konferenz der Lektoren hat unter meinem Vorsitz eine klare Entscheidung getroffen. Die Lektoren haben die Veröffentlichung Ihres Manuskripts befürwortet. Daher erhalten Sie in der Anlage unser Verlagsangebot mit anhängendem Verlagsvertrag in zwei Versionen."
Jubel hallte durch unsere Wohnung. Mein Herz begann schneller zu schlagen. Meine Frau las begeistert weiter. Allerdings flaute die Fröhlichkeit in ihrer Stimme mehr und mehr ab. Mit den nächsten Sätzen kehrte Ernüchterung ein: „Sie sind gebeten, Ihr Erstlingswerk finanziell zu fördern. Wenn Sie die Publikationskosten bestreiten, dann unterstützen Sie den Vertrieb Ihres Buches. Die erste, meist auf eine bestimmte Buchmesse zielende Drucktranche ist normalerweise kleiner. Der Verlag kommt dann für alle folgenden Auflagen auf, die vom Markt nachgefragt werden. Wenn der ‚erste Schuss', das heißt, die erste rasche

Druckrate auf Kosten des Autors geht, dann ist es natürlich zusätzlich günstig, wenn diese messebedingt nicht hoch ist. Eine höhere erste Druckrate ist möglich."

Die Kosten dieser sogenannten Anschubfinanzierungen beliefen sich je nach Buchausstattung zwischen 9.000 EUR bis 15.000 EUR und sollten von mir alleine getragen werden. Erst wenn sich der Erfolg eingestellt hätte, dann hätte der Verlag die weiteren Produktionskosten übernommen.
Zu diesen Produktionskosten würden selbstverständlich auch noch Werbekosten hinzukommen, die ebenfalls rasch im vierstelligen Euro-Bereich lägen.
Ich schrieb zurück, dass die sogenannte Anschubfinanzierung meine finanziellen Möglichkeiten übersteigen würde.

Dann kamen hoffnungsvolle Zeilen von einem großen Verlag aus Berlin:
„Sehr geehrter Herr Kleffner, die Lektorenkonferenz hat sich dafür entschieden, Ihr Buch zu veröffentlichen! Die Verlagsleitung hat heute dieser Entscheidung zugestimmt, so dass ich Ihnen die freudige Nachricht überbringen darf. Wie Sie wissen, veröffentlicht unser Verlag neben berühmten Autoren und großen Namen auch neue, unbekannte Autoren. Der Vorteil liegt auf der Hand: die Publikationen unseres Verlags werden im Buchhandel und in der Öffentlichkeit wahrgenommen, wodurch auch unbekannte Autoren in einem Umfeld publiziert werden, das ihrem Buch die

verdiente Aufmerksamkeit verschafft. Von den etwa 350 monatlich eingereichten Manuskripten schaffen es letztendlich durchschnittlich vier zur Buchveröffentlichung."

Hatte meine Frau soeben tatsächlich vorgelesen, dass ich unter 350 Manuskripteinsendungen nun einer von vier Autoren war, die der Verlag fördern wollte? Der Pulsschlag stieg sogleich. Meine Frau las weiter:
„Für die Veröffentlichung Ihres Buches ist eine Beteiligung an den Kosten durch Sie als Autor notwendig. Nur so können wir die Projekte, die wir gerne verwirklichen möchten, gemeinsam zum Erfolg bringen. Dafür erhalten Sie von uns eine anspruchsvolle Gestaltung und Ausstattung Ihres Buches und ein professionelles und zielgerichtetes Marketing. In der beiliegenden Vereinbarung können Sie wählen, ob Sie lieber eine gehobenere Ausstattung als Hardcover wünschen, was wir generell bevorzugen, oder ob Sie sich für die kostengünstigere Variante als Taschenbuch entscheiden, damit die Veröffentlichung nicht an den Kosten scheitert. Auf Wunsch finanzieren wir das Projekt auch komplett vor und Sie haben die Möglichkeit, bereits am Buchverkauf zu verdienen und können die Investition in Raten zahlen. Für diesen Fall habe ich das Ratenzahlungsformular gleich beigelegt."
Ähnliche Schriftwechsel erhielt ich auch in den nächsten Jahren von anderen bekannten Verlagen. Das Interesse der Lektoren an meinem Werk schmeichelte mir jedes Mal,

doch der Hinweis, dass alle Produktionskosten und Risiken alleine von mir getragen werden müssten, lies den Traum vom eigenen Buch wie eine Seifenblase zerplatzen.

Mit den oben geschilderten Erfahrungen möchte ich mich nicht über die großen Verlage beklagen, sondern nur die allgemeine Vorstellung zurechtrücken, dass neuen Autoren nicht jedes gute Manuskript aus der Hand gerissen wird. Ganz im Gegenteil. Laut der Fachpresse erscheinen jedes Jahr auf dem deutschen Buchmarkt mindestens 90.000 neue Bücher, die eine große Leserschaft erreichen wollen. Bei dieser großen Auswahl ist das Risiko sehr hoch, dass die Verkaufszahlen des eigenen Buches die Produktionskosten nicht decken werden. Attraktiver sind für die Verlage die Bücher prominenter Menschen, da diese eher von einer neugierigen Leserschaft angenommen werden.

Was sollte nun mit dem Manuskript geschehen, in dem jahrelange Arbeit steckte? Sollte das in der Schublade bleiben?
In der heutigen Zeit gibt es auch andere, kreative Lösungen. Wer als Autor die finanzielle Hürde mit dem umfangreichen Dienstleistungspaket eines großen Verlags nicht überwinden kann, hat die Möglichkeit, sein Manuskript mit Hilfe eines Selbstverlages auf den Markt zu bringen. Der Selbstverlag bietet verschiedene Leistungsbausteine an, die sich der Autor nach seinen persönlichen Wünschen

oder Bedürfnissen zusammenstellen kann. Solche Bausteine sind das Lektorat, die Formatierung inklusive Drucksatz und die Cover-Gestaltung.
Ich hatte das Glück, dass diese Bausteine von Fachfrauen aus meinem Freundes- und Familienkreis zu erschwinglichen Kosten auf den Weg gebracht wurden.
Ein wesentlicher Service-Baustein meines Verlages bestand darin, dass er mein fertiges Digitaldruckdokument mit dem Entwurf des Cover-Designs zu einem echten Buch gewandelt hat.
Ferner erhält das Buch vom Verlag auf Wunsch eine ISBN und wird wie bei den großen Fachverlagen im gesamten Buchmarkt gelistet. Danach kann es in jedem Buchladen oder Online-Shop bestellt werden. Eine weitere, riesige Kostenersparnis ergibt sich dadurch, dass gar keine Erstauflage gedruckt werden muss. Sogenannte ‚Books on Demand Verlage' (BoD) drucken und versenden die Bücher erst, wenn der Kunde ein Buch bestellt. Allgemein vergehen von der Bestellung bis zur Lieferung maximal sieben Tage. Es wird kein einziges Buch vergeblich gedruckt. Es gibt also bei dieser Lösung keinen unnötigen Papierverbrauch. Doch ich muss betonen, dass ein BoD-Buch, das nicht in jedem Buchladen ausliegt, auch nicht zufällig beim gemütlichen Stöbern gefunden werden kann. Dort kann es nur über die ISBN oder den Buchtitel bestellt werden. In den Online-Shops ist das BoD-Buch wie jedes andere immer sofort lieferbar.

04 Sich als Behinderter öffentlich über seine Behinderung zu äußern, ist erst recht nicht normal

„Warum haben Sie eine Autobiografie verfasst?"
Diese Frage wurde mir nach meiner ersten Publikation 'Im Testprogramm des Schicksals' mehrfach gestellt und ich habe diese wie folgt beantwortet:
Die Autobiografie ist wörtlich übersetzt eine „Selbst-Lebensaufzeichnung". Was bewegt nun jemanden dazu, eine Autobiografie zu schreiben? Da es sich um eine Selbstdarstellung handelt, kann ein Grund die Eitelkeit sein oder das Bedürfnis, seinen Nachkommen bestimmte Erinnerungen zu erhalten. Stars, Sternchen und Politiker mögen noch ganz andere Gründe nennen. Meine Publikation hingegen hat andere Motive.
Die Zeiten, in denen Behinderte auf dem Marktplatz ausgestellt wurden, sind vorbei. Da aber auch heutzutage noch vielen Gesunden beim Anblick eines Schwerbehinderten die Kinnlade auf die Brust fällt, haben Behinderte normalerweise kein Interesse daran, sich ins Rampenlicht zu stellen. Sie treten erst dann hinein, wenn sie einen Sinn darin erkennen, dass anderen Behinderten und deren Angehörigen damit geholfen werden kann, dass die Gesellschaft durch Aufklärung mehr zusammenwächst und die Schranken der Entfremdung endlich alle fallen. Meine Publikation ist die Stimme eines behinderten Menschen, den das Schicksal zum Schreiben geführt hat und nicht der Beruf. Blinde wie

ich haben auch selten eine Ausbildung als Journalist oder Schriftsteller. Gerade deshalb muss der behinderte Autor nicht nur die Hemmschwelle der öffentlichen Selbstdarstellung überwinden, sondern er setzt sich zusätzlich strenger Kritik aus. Wenn ich mit meinen Büchern zum Thema Behinderung Menschen aufklären und in tieferem Verständnis füreinander verbinden kann, dann lohnt sich der Mut zur Publikation.

05 In der Schreibstube

Am Telefon geb‘ ich mich locker,
doch ich bin ein Stubenhocker.
Gerade auf dem Schreibtischstuhl,
da fühl ich mich besonders wohl.
Nur Tageslicht erhält den Raum,
wenn’s dämmert, sieht man mich dort kaum.
In der Nacht fehlt ganz das Licht.
Warum? Wieso? Ich brauch‘ es nicht!
Leise rattert der Computer,
ja, er sieht für mich, mein Guter!
Buchstaben, Wörter, Interpunktion
werden gewandelt in Stimme und Ton.
So schreibe ich sprichwörtlich blind,
bis ganze Bücher fertig sind.
Blind fühl ich mich immobil,

erreiche schlecht manch fremdes Ziel.
Doch geistig reise ich sehr gerne,
flieg‘ fantasievoll durch die Sterne.
Im Dunkeln klappern oft die Tasten,
die Finger woll‘n und woll‘n nicht rasten.
Die Finger tippen Abenteuer:
Greifen geistig in ein Steuer,
lenken Boote, Autos Flieger,
machen mich zum Helden, Sieger.
Sie tippen heiße Kuschelszenen,
zittern auch, wenn sie sich sehnen.
Sie schreiben über Liebe, Hass
Und oftmals sind die Augen nass.

Ja, ich bin ein Stubenhocker,
doch ich sehe das ganz locker.
Ich fühl mich auch nicht isoliert,
ich hör was draußen so passiert:
Der Regen prasselt an die Scheibe
und geht dem Umweltstaub zu Leibe.
Hagel prasselt, Donner dröhnen,
der Wind pfeift in den höchsten Tönen.
Ein Flugzeug brummt am hohen Himmel,
fern macht der Kirchturm sein Gebimmel.
Im Garten bellt ein großer Hund,
das tut er öfter ohne Grund.
Ein Nachbar schnauzt den andren an:

„Zu blöd zum Parken? Mann oh Mann!“
Dann parkt ein offenes Cabrio,
ganz laut erschallt sein Radio.
Oh …
Vor mir kann ich was Brummen hören
und auf der Nas’ ‘ne Fliege spüren.
Da kommt mir plötzlich in den Sinn,
dass ich hier nicht alleine bin.
„Sag, Stubenfliege, hast du Eile?
plagt dich etwa Langeweile?“
Sie antwortet nicht auf meine Fragen,
lässt sich von meinen Fingern jagen.
Sie landet auf der Tastatur
und läuft vom W zum E zum R …
Und dann fängt sie auch noch an
und tippt mir einen Fliegen-Roman!

06 Was ist ein Autor, Poet oder Schriftsteller?

Nachdem ich mein erstes Buch veröffentlicht hatte, kamen aus dem Bekanntenkreis die Fragen: „Bist du denn jetzt ein Autor? Nennst du dich jetzt selbst Schriftsteller?“

Um diese Fragen auch hier korrekt beantworten zu können, suchte ich die Begriffsklärung zu Autor und Schriftsteller bei Wikipedia, der freien Enzyklopädie.

Dort kann man sinngemäß erfahren: „Das Wort Autor stammt von dem lateinischen Wort *auc-tor.* Es wird übersetzt als Urheber, Schöpfer, Förderer und Veranlasser. Der Autor ist der Verfasser oder geistige Urheber eines Werkes. Dabei handelt es sich meist um Werke der Literatur im weitesten Sinne. Ein Autor ist jeder, der einen Text, einen Comic oder eine Bildergeschichte gleich welcher Art, gleich welchem Medium veröffentlicht und dafür Urheberrechte geltend macht.“

Doch was bedeutet dann der Begriff Schriftsteller?
Ich fand dazu: „Schriftsteller sind Urheber und Verfasser literarischer Texte. Sie zählen damit zu den Autoren. Das Wort Schriftsteller wurde im 17. Jahrhundert aus dem Gedanken ‚in eine Schrift stellen‘, im Sinne von Verfassen gebildet. Es ersetzt die Begriffe Skribent und Autor. Nach Friedrich Schiller löst der Begriff Schriftsteller den Begriff Schöngeist ab.“
Wo ist die Abgrenzung zwischen Autor und Schriftsteller zu ziehen? Mit der Bezeichnung Schriftsteller wird eine gewisse Differenzierung unter Autoren hergestellt, die sich

zum Teil auf stilistische und thematische Merkmale ihrer Produktionen stützt. Publizisten betätigen sich zum Beispiel journalistisch im Dienst der öffentlichen Meinungsbildung. Schriftsteller, Poeten oder Dichter erheben literarische, poetologische und ästhetische Ansprüche. Die Differenzierung zwischen Autoren und Schriftstellern ist unscharf. Der Sprachgebrauch erlaubt Publizisten und Dichtern, sich Schriftsteller zu nennen. Autoren, die Wert darauf legen, als Schriftsteller bezeichnet zu werden, verbinden dies nicht selten mit einem Leistungsnachweis, der sich nach der Anzahl ihrer veröffentlichten Bücher bemisst. Unterstrichen wird dieses auch durch die Möglichkeit, seinen Lebensunterhalt überwiegend durch Buchveröffentlichungen zu bestreiten. Angesichts dieses hohen Anspruchs dürften sich in Deutschland bestenfalls hundert von mehreren tausend Autoren als Schriftsteller bezeichnen. In der Öffentlichkeit gilt jeder als Schriftsteller, der ein Buch veröffentlicht hat. Bei Rezensenten des Feuilletons wird ebenfalls kaum noch eine Unterscheidung zwischen Autor und Schriftsteller getroffen.

Der Poet wurde bis Ende des 19. Jahrhunderts synonym als Dichter bezeichnet. Heute nennt man Schriftseller dieser Gattung Lyriker. Das Wort Poet stammt vom lateinischen Wort poeta ab, mit dem man den Verfasser sprachlicher Kunstwerke bezeichnete. Das lateinische Wort ist seinerseits dem griechischen Wort Poietes entlehnt, und bezeichnete dort wörtlich den Herstellenden, den Autor. Bis ins 18. Jahrhundert hinein blieb der Poet der Autor von Poesie, seltener von Romanen.

Ab der zweiten Hälfte des 18. Jahrhunderts unterschied man zwischen der Belletristik, sprich Unterhaltungsliteratur, und der ‚hohen Rede', anspruchsvoller, kritikwürdiger Literatur. Die Belletristik gehörte dem Autor, die ‚hohe Rede' und Poesie dem Dichter. Im Biedermeier wurde der Begriff ‚Poet' zur karikierenden Bezeichnung für den gescheiterten Dichter. Das ist zu sehen in Carl Spitzwegs Bild „Der arme Poet". Bis in die heutige Zeit gibt es das Poesie-Album. Der Poet verfasst Poesie. Poesie schwingt in einem Text, der eine sich der Alltagssprache entziehende Wirkung entfaltet. Sie ist häufig eine Formulierung in Reimen und Versen. Da die Poesie die Schönheit einer Sprache zur Entfaltung bringt und den Geist besonders bewegt, vermisse ich an dieser Stelle den längst vergessenen Begriff ‚Schöngeist'.

Meiner Meinung nach haben Autoren, Schriftsteller, Poeten und Dichter bei allen Differenzierungen eines gemein - das ist die Liebe zum Schreiben!
Doch aus der Liebe zum Schreiben entsteht nicht automatisch ein Buch. Wie hoch die Hürde ist, um auf dem Buchmarkt in Erscheinung zu treten, habe ich in einem der vorherigen Kapitel beschrieben.
Obwohl ich seit der ersten Buchveröffentlichung eine Website unterhalte, die den berechtigten Titel „Buchautor" trägt, obwohl ich beim Selbstverlag und bei der WBH Münster als Autor gelistet bin, obwohl es nach drei Buchveröffentlichungen viele Presseberichte über mich als blinder Autor gab und gibt, hatte ich erst mit dem Wechsel zum Edition Paashaas Verlag das Gefühl, ein anerkannter Autor zu sein.

07 BLAutor

Dieser Name steht für sehbehinderte und blinde Autoren, Poeten und Schriftsteller. Mit Begeisterung habe ich mich dieser Gruppe angeschlossen, die zum Zeitpunkt ihres 25. Jubiläums über 60 Mitglieder zählte.
Auf der Website www.blautor.de erfährt der Leser:
„BLAutor, der Arbeitskreis blinder und sehbehinderter Autoren, hatte sein erstes Treffen im April 1991."
Die Website listet viele Autorinnen und Autoren auf, die einige ihrer Texte dort veröffentlicht haben. Ferner gibt es Informationen zu Vita und Werken.

Vor allem zwei Dinge halten den Arbeitskreis lebendig:
Erstens die DAISY-Hör-Zeitschrift „Litera".
Sie ist Zentralorgan und das Kommunikationsmedium des Arbeitskreises. Einzelne Autoren stellen Beispiele ihres Schaffens der Gemeinschaft aller BLAutor-Mitglieder vor. Der Arbeitskreis bietet Raum für alle literarischen Gattungen. Trotz der gemeinsamen Arbeit an definierten Themen hat die Individualität des Einzelnen Priorität. Die „Litera" bringt Informationen und wird als Forum genutzt. Sie ist kostenfrei und nur für BLAutor-Mitglieder. In der Regel erscheint sie alle zwei bis drei Monate.
Mittlerweile darf ich mich darüber freuen, dass ich im Litera-Redaktionsteam aufgenommen wurde und kreativ mitarbeiten kann.

Zweitens halten die Frühjahrs- und Herbsttagungen den Arbeitskreis lebendig. Zwar steht jede unter einer thematischen Überschrift, hat aber keine strenge Tagesordnung und bietet daher Freiraum für alle literarischen Interessen. Neben der Beurteilung mitgebrachter Texte dienen diese Treffen der Konzeption gemeinsamer Aufgaben. Das kann die Arbeit an einem bestimmten Thema oder an einer literarischen Gattung sein. Hin und wieder werden Gastreferenten eingeladen, wird eine Schreibwerkstatt durchgeführt oder ein Wettbewerb ausgetragen.
Blinde und sehbehinderte Poeten und Schriftsteller arbeiten auf sehr unterschiedliche Weise. Alle Methoden, mit denen Blindenschrift, auch Brailleschrift oder Punktschrift genannt, geschrieben werden kann, kommen zum Einsatz. Also Tafel, Bogenmaschine, Stenostreifenschreiber und elektronische Spezialgeräte. Andere nutzen die Audio-Möglichkeiten von Diktiergeräten oder MP3-Rekordern. Bei den Sehbehinderten sind vielleicht dicke Filzschreiber, Lupen und Spezialbeleuchtungen auf dem Tisch. Auch werden die neuen Generationen der Laptops, Notebooks, Netbooks und Tablet-PCs immer interessanter, auf denen sich eine hochwertige Sprachsoftware installieren und an die sich eine elektronische Blindenschriftzeile anschließen lässt, sodass mit ihnen effektiv gearbeitet werden kann.

Bei den BLAutoren steht die Sehbehinderung nicht im Mittelpunkt, sie grenzt nur nach außen ab. Die Treffen finden meistens in Horn/Bad Meinberg im „Aura Inklusive“, einem für Sehbehinderte barrierefreien Hotel statt, sodass wir die Literatur und das Freizeitangebot genießen können. Abends sitzen wir in freundschaftlicher Runde zusammen. Unter den BLAutoren befinden sich auch hervorragende Musiker, und so wird für permanenten Ohrenschmaus gesorgt. Diese Tagungen machen ihrem Namen Ehre, da die Nächte nicht selten zum Tag gemacht werden.

08 Lesemarathon

Alles macht man im Leben zum ersten Mal.

Nach meinen ersten drei Buchprojekten mit dem Books on Demand Verlag, Norderstedt, wechselte ich zum Edition Paashaas Verlag, um mit diesem mein viertes Buch herauszugeben. Seit dem ersten Gespräch mit der Verlegerin Manuela Klumpjan hatte ich das Gefühl, dass mir die Tür zu einem besonders herzlichen Kreis aktiver Autorinnen und Autoren geöffnet wurde. Erst ein Jahr zuvor hatte ich mich bei Facebook angemeldet. Tom, ein geduldiger junger Mann aus unserem Freundeskreis, hatte sich die Mühe gemacht, mir und meinem Screenreader den Weg durch den Facebook-Dschungel zu zeigen. Der Umgang mit einer solchen Website in Verbindung mit einem blindentechnischen Hilfsmittel könnte allein ein Buch füllen.

Doch ich arbeitete mich mehr und mehr in die vielen Anwendungsmöglichkeiten hinein. Facebook gab mir die Möglichkeit, einem größeren Leserkreis über meine Autorentätigkeit zu berichten. Und gerade, als ich den praktischen Umgang mit der Web-site erlernt hatte, nahm mich der Kreis der EPV-Autoren in seiner Familie auf. Facebook bietet den zahlreichen EPV-Autoren eine Kommunikationsplattform. Über die Postings der Gruppe lernte ich nun viele Mitglieder kennen.

Endlich sollte der große Tag kommen, an dem ich eine Vielzahl von ihnen persönlich treffen würde. Meine Verlegerin Manuela Klumpjan schlug in den Medien die Werbetrommel. Der Edition Paashaas Verlag lud zum vierten Hattinger Lesemarathon mit zehn Autorenlesungen ein. Acht neue Bücher würde der Verlag präsentieren. Als besonderes Bonbon wurde der blinde Buchautor Dieter Kleffner angekündigt. Am 19. August sollte das Event stattfinden.
Ich wurde schon am 18. nervös. Nicht am 18. August! Nein, am 18. Juli! Noch nie hatte ich öffentlich vor einer Leserschaft gestanden. Bei meinen früheren Musikauftritten befand sich zwischen mir und dem Publikum wenigstens eine Gitarre, die ich blind beherrschte …
Lesung – das Wort sagt ja schon, worum es geht. Wie sollte ich blind aus meinem Buch lesen? Völlig unkompliziert erklärten sich gleich mehrere EPV-Autoren bereit, an meiner Stelle aus meinem Buch vorzutragen. Mir sollte allein der

Part bleiben, mich als Autor vorzustellen, also aus meinem Leben zu erzählen. Vor allem ging es darum, dem Publikum zu erklären, wie ein Blinder technisch in der Lage ist, ein Buch zu verfassen. So schrieb ich eine Rede und feilte tagelang daran herum. Dann wurde ich dank perfekter Verlagsorganisation von einer ‚Hexe' besucht. ‚Hexe Tina' ist eine Autorin mit viel Publikumserfahrung und erstaunlicher Selbstsicherheit. Allgemein stand ich mit meinem Hang zur wissenschaftlichen Vernunft der Magie skeptisch gegenüber. Aber Tinas Zauberkräfte hatten schlagartig bewirkt, dass ich mir über den Part der Lesung gar keine Sorgen mehr machte. Vielleicht lag es auch daran, dass Tina bei der ersten Probe beeindruckend gelesen hatte. Die Auswahl der Textstellen für den Auftritt und meine Ansprache wurden gut vorbereitet.

Es kam der Tag… nun auch die Stunde. Gegenwart.
Bela und ich fahren in die Hattinger Altstadt. Wir treffen eine Stunde vor dem planmäßigen Beginn ein. Lesung open-air. Viele fleißige Autorenhände haben bereits Tische und Stühle aufgestellt. Die Tontechnik wird gerade installiert. Unzählige herzliche Hände strecken sich mir entgegen. Unzählige Namen, die ich aus der EPV-Autorengruppe von Facebook kenne, bekommen eine Stimme. Meine charmante Verlegerin drückt mich an sich. Ein unglaublicher Gefühlsstrudel. Denn hier die netten Menschen, dort, nicht mehr weit, irgendwo ein befremdliches Mikrofon. Ein

Mikrofon, das meine innere Anspannung gleich zehnfach verstärkt wiedergeben wird. Stühle werden gerückt. Stimmen, noch mehr Stimmen, viel mehr Stimmen. Alle voller Erwartung. Gleich geht es los!

‚Blinder Buchautor erklärt dem Publikum, mit welcher Technik er Bücher verfasst', hatte fett in der Zeitung der Lokalpresse gestanden. Klar, bei Facebook sowieso. Jetzt ist die Presse auch noch live dabei!
Mein Freund, der Mandolinen-Klaus, nimmt mich in den Arm und wünscht mir Glück. Tochter Sonja und Sohn Ben sprechen dem Papa Mut zu … und Bela natürlich. Kann mir vielleicht mal jemand erklären, wieso man in solchen Momenten dann immer noch Lampenfieber hat?
Alle Zuschauerplätze sind angeblich besetzt. Sehe ich ja nicht. Hexe Tina erscheint aus dem Nichts und führt meine Hand über ihr Outfit. Ein riesiger Hexenhut, struppige Perücke, eine Spinne hängt an ihrer Wange. Die übrige Kleidung ist auch hexentypisch. Der Besen in ihren Händen trägt sogar die Zulassungsplakette des Bundesamtes für magische Fortbewegungsmittel.
Es wird ernst. Tina lenkt mich zum Lesetisch. Mein Platz ist ein Barhocker. Sie setzt sich an einen Lesetisch.
Die Verlegerin begrüßt das Publikum mit bestechend warmherziger Stimme. Erklärt, dass ich bisher drei Bücher geschrieben habe und nun mein viertes vorstellen möchte. Applaus!.

Sie bittet die Gäste, die Augen eine Minute lang zu schließen. Sie sollen fühlen, wie es einem blinden Menschen in diesem Moment geht. Plötzlich ist die Altstadt absolut still. Meine Finger erhalten ein funkgesteuertes Mikrofon. Ich räuspere mich und sage: „Guten Tag, liebe Gäste, ja, ich bin der blinde Buchautor aus Hattingen."
Meine Stimme hallt zwischen den Häusern wider.
Das Mikrofon fühlt sich in meiner Hand aber nicht mehr feindlich an. Nein, meine fünfzehn Jahre Erfahrung mit meiner Zweitakter-Band sind mit einem Schlag präsent. Auch mit Mandolinen-Klaus, der nun unter den Gästen weilt, habe ich nicht nur einmal vor Publikum gestanden. Ich wollte hier hin … und das ist gut so! Spätestens nach dem vierten Satz beginnt der Vortrag Spaß zu machen. Ich sage etwas Amüsantes und – das Publikum geht mit.

Zehn Minuten später liest die Hexe souverän das erste Kapitel aus meinem Roman. Dann reicht sie mir das Mikro und ich leite zum nächsten Kapitel über. Die Hexe verzaubert das Publikum. Die Stimmung ist klasse. Ich leite zum letzten Kapitel über und Tina hält die gut hundert Ohren unter Spannung. Applaus. Die freundliche Presse stellt noch ein paar Fragen und ich darf das Mikro wie ein Staffelholz an die nächsten Autoren weiterreichen. Wo sind die letzten dreißig Minuten geblieben?

Ich werde um ein Autogramm gebeten. Nein, eine ganze Widmung soll ich in ein frisch ausgepacktes Buch schreiben. Blind? Ich frage: „Egal wie und wohin? Ich sehe das doch gar nichts!“ Die herzliche Kundin lenkt meinen Kugelschreiber an eine Stelle im Buch, die wohl nicht bedruckt ist. Ich weiß nicht, ob meine Schrift lesbar ist, aber die Postzusteller sind mit meiner abstrakten Kunst ja auch immer zufrieden …

Zwischen den einzelnen Lesungen präsentieren die doppelt begabten Autorinnen und Autoren Blues, Rock, Country und Pop. Es duftet nach Kaffee, nach selbstgemachtem Kuchen, Salaten und Würstchen. Ich sitze im Kreis mit Bela, meinen Kindern und meinem Freund Klaus. Rundherum nur gut gelaunte Menschen, die den Tag, die Sonne, die literarischen Gedanken, die Musik und alle kulinarischen Köstlichkeiten in vollen Zügen genießen.

Irgendwann schlägt in der Altstadt die Turmuhr neun Mal. Herzlicher Abschied von Verlegerin Manuela Klumpjan und ihrem Team. Jetzt ist alles noch enger, noch privater. Ich bedanke mich bei Hexe Tina und sie macht ihren Besen abflugbereit. Wir versprechen uns, weitere, zauberhafte Lesungen zu planen.

Marathon – dieses Wort steht seit der griechischen Antike synonym für einen mühsamen, sehr langen Weg. Endete hier und heute nicht auch sinnbildlich mein erster Marathon? Ja, vom Tippen unter dem Bildschirmlesegerät mit einer Reiseschreibmaschine, quer durch mehrere blindentechnische Computerprogramme, über die Hürden der ersten Buchveröffentlichungen bis zum Edition Paashaas Verlag war es ein langer Weg. Aber – nach der Lesung ist vor der Lesung …

09 Meine blinde Computerwelt

„Wie, Sie bedienen blind einen Computer?“
Diese verwunderte Frage wird mir während der Autorengespräche mit meinen Lesern häufig gestellt. Ich antworte darauf: „Jede gute Sekretärin tippt mit dem Zehnfingersystem auf der Computertastatur ebenfalls blind.“
Daraufhin kommt die Feststellung: „Das ist allgemein bekannt. Aber eine Sekretärin sieht im Monitor, was sie schreibt.“
Ich erkläre: „Ein blinder Schriftsteller hört im Computerlautsprecher, was er in das elektronische Dokument eintippt. Sein Text wird von einer künstlichen Stimme vorgelesen.“
„Und wie bedienen Sie blind die Computerprogramme zur Textverarbeitung, für Tabellen, für den Kalender oder die Musik? Die haben doch unterschiedliche Darstellungen und Bedienungsfelder.“
Scherzhaft antworte ich: „Das ist ganz einfach. Genau wie die Stimme eines Navigationsgerätes den Fahrer im Auto durch eine fremde Stadt leitet, so navigiert mich die Stimme meines Computers durch die Programme.“
„Wie lange mussten Sie an der Computerschulung

teilnehmen, bis Sie selbständig arbeiten konnten?"
„Ich hatte gar keine fachliche Schulung. Ich bin Autodidakt. Wer spät erblindet oder erst im Laufe seines Lebens irgendeine Behinderung bekommt, ist fast immer auf sich selbst angewiesen."
An dieser Stelle weichen solche Gespräche meistens vom Thema der oben genannten Fragestellung ab.

Blind einen Computer zu bedienen ist ein Abenteuer, über das ich gerne berichte. Wer sich als Sehbehinderter oder Blinder nicht an die Bedienung eines Computers heranwagen möchte, sollte sich wenigstens nicht vor einem elektronischen Vorlesesystem fürchten. Diese Computertechnik ist kinderleicht zu bedie-nen und eine große Bereicherung. Jeder maschinell geschriebene Text wird bei diesem System einfach in einen Scanner gelegt und es ist nur notwendig einen Startknopf zu drücken. Nach ca. dreißig Sekunden ist der Text als Sprachausgabe zu hören. Angefangen von Beipackzetteln in Medikamentenpackungen über Briefpost bis hin zu Büchern kann alles vorgelesen werden. Das können sich auch die Sehbehinderten zutrauen, die ungern an Technik herangehen. Ich habe damit gute Erfahrungen gemacht.
Wer jedoch auch blind elektronisch schreiben und arbeiten möchte, der muss in die Welt der Computeranwendung einsteigen. Aber Achtung! Späterblindete erhalten für private Computerschulungen keine finanzielle Förderung. Außerdem finden private Computerkurse für Blinde selten und oft fern der Heimat statt. Wenn solche Lehrgänge über mehrere Tage gehen und zu den Seminarkosten hohe Hotelkosten hinzukommen, dann scheuen viele Einsteiger

diesen Weg.
Finanziell geförderte oder kostenfreie Computerschulungen gibt es nur für hochgradig sehbehinderte und blinde Schüler, Auszubildende oder Umschüler.
Im Gegensatz dazu werden für sehende Menschen an fast jeder VHS Computerkurse angeboten, die aufgrund ihrer Vielfalt leicht erreichbar und kostengünstig sind. Wer als Sehender meint, dass solch ein Einstieg in die Computerwelt eine besondere Herausforderung ist, dann kann ich ihn trösten. Sehende brauchen nur auf den Monitor schauen und mit einem Mauszeiger innerhalb des Bildschirms herumfahren. Eigentlich sehr simpel!
Das richtige Abenteuer beginnt erst bei einer Reise in die Computerwelt ohne Bildschirm ...

Meine ersten Computerkenntnisse habe ich mir mit dem Beginn des 21. Jahrhunderts überwiegend autodidaktisch angeeignet. Ein kleines Basiswissen erhielt ich von meinen gerade erwachsen gewordenen Kindern und einem geduldigen Freund.
Mein Windows-Betriebssystem lief unter der Bezeichnung 97/2003. Als blinder Computeranwender benutzte ich damals das Screen-Reader-Programm Hal, das mir von einem Hilfsmittelvertrieb installiert wurde.
Ein Screen Reader ist ein Programm, welches den Text auf dem Computermonitor in Sprache ausgibt. Der Cursor wird mit Hilfe der Tasten navigiert, so wie es die älteren Computeranwender noch kennen, bevor die Computermaus erfunden wurde. Die alten Tastenbefehle dienen immer noch der Navigation, sind jedoch den heutigen Maus-Anwendern kaum bekannt. So kann der blinde Tastennavigator aus den

Reihen der Familie und dem Freundeskreis nur selten Hilfe erwarten.
Für den ersten Screen Reader erhielt ich von der Krankenkasse keinen finanziellen Zuschuss. Das war begründet. Ich besaß zu dieser Zeit noch ein elektronisches Vorlesesystem Ls20, das mir nach meiner Erblindung von der Krankenkasse zur Verfügung gestellt worden war. Also bezahlte ich für mein erstes Screen-Reader-Programm inklusive der Installation ca. 1500 Euro aus eigenen Mitteln. Der Screen Reader war deutlich teurer als die gesamte Computeranlage. In meinem Bekanntenkreis gab es keinen Blinden, der sich mit meinem Programm auskannte. Als sehende Computeranwender konnten mir meine Kinder oder der geduldige Freund in der Anwendung kaum helfen, da sie hauptsächlich die Maus benutzten. In Deutschland steht man als Behinderter nicht allein. Es gibt viele Selbsthilfegruppen und Verbände. Auch die Hilfsmittelbranche wächst ständig. In der Deutschen Zentralbücherei für Blinde fand ich Computerkurse mit dem Titel www.ohne-maus.de und bestellte mir diese als Hörbücher und Word-Dateien. Schritt für Schritt erlernte ich so alle wichtigen Tastenbefehle, die meine Programme in Bewegung brachten.
Es ist ein großartiges Gefühl, wenn man sich in seinem Rechner so richtig gut auskennt. Ja ... bis eines Tages alles anders kam!
Nachdem mein erster Rechner nach einigen Jahren so defekt war, dass sich eine Reparatur nicht lohnte, musste ich zum Betriebssystem Windows 7 wechseln. Leider passte das gewohnte Screen-Reader-Programm Hal nicht mehr zum neuen Betriebssystem. Mir wurde vom Hilfsmittelvertrieb der Screen-Reader Supernova 12 empfohlen und

installiert. Dieses Mal erklärte sich die Krankenkasse bereit, die Hilfsmittelkosten für den neuen Screen Reader zu übernehmen. Dazu gehörte auch eine einstündige Einweisung für den neuen Screen Reader. Optimal für Begabte, die ein neues Computerprogramm in sechzig Minuten verinnerlichen können. Respekt!
Windows 7 zeigte viele Abweichungen von dem alten Betriebssystem 97/2003. Der neue Screen Reader Supernova 12 funktionierte ähnlich wie sein Vorgänger. Trotzdem gab es genug Neuerungen, die erlernt werden mussten. Nachdem der PC-Trainer pflichtgemäß seine einstündige Einweisung abgesessen und mich verlassen hatte, saß ich vor meinem Rechner wie ein Anfänger.
Dem Screen Reader ging es offensichtlich nicht besser. Er kam mit dem neuen Live Mail Programm nicht zurecht. Auf telefonischer Empfehlung des PC-Trainers installierte ich das Mail-Programm Thunderbird. Das arbeitete deutlich besser, las aber viele Menüpunkte nicht vor. Diese fehlenden Menüpunkte lernte ich durch sehende Helfer kennen und lernte sie auswendig. Erst nach längerer Einarbeitungszeit konnte ich alle wichtigen Funktionen nutzen.
Mit den Jahren wuchs ein Problem mit dem Sprachprogramm bei der Nutzung des Internets. Während die Websites die Anpassung des Browsers anforderten, durfte ich meinen Browser nicht verändern. Der Screen Reader war nur mit dem Browser kompatibel, der bei der Installation des Sprachprogramms aktuell war. So wurden immer mehr Websites für mich unzugänglich. Auch mein Mail Programm Thunderbird wurde in den letzten Jahren nicht mehr mit Updates unterstützt. Meiner Meinung nach hat Windows das Problem, das für sein Betriebssystem

verschiedene Programme zusammengebracht werden müssen, die dauerhaft nicht gut aufeinander abgestimmt sind. Wenn man sich als Anwender große Mühe gibt, aber ein schlechtes Werkzeug die Ergebnisse mindert, dann entsteht Frust. Doch muss das sein?
Meine Konsequenz war, wieder einen neuen Weg zu gehen. Ich arbeite seit Juli 2017 mit einem Apple Computer namens Mac-Mini.
Das Apple Betriebssystem unterscheidet sich deutlich vom Windows System. Die Menü- und Programmleisten wirkten zu Anfang fremd auf mich. Selbst auf der Tastatur gibt es in der unteren Tastenreihe Abweichungen.
Woher ich das weiß?
Auch Apple bietet ein Screen-Reader-Programm.
Im Gegensatz zu Windows ist dieses Programm grundsätzlich in jedem Apple-Computer der letzten Generationen integriert und muss nur eingeschaltet werden. Es entstehen keine zusätzlichen Kosten, denn es müssen keine zusätzlichen Installationen vorgenommen werden. Selbst die Krankenkassen dürften sich freuen, da dieses Hilfsmittel von Apple gratis mitgeliefert wird.

Als weiterer Vorteil gilt, dass der integrierte Screen Reader bei jedem Update des Betriebssystems aktualisiert wird.
Der technische Informations- und Beratungsservice in Hanau sendete mir das Einsteigerhandbuch für Apple-Computer im Hörbuchformat, das von dem blinden Software-Trainer Jürgen Fleger verfasst wurde.
Damit ist mein Einstieg als Autodidakt geglückt. Das Textverarbeitungsprogramm, das ich als Buchautor dringend benötige und das Email-Programm funktionieren bis jetzt

tadellos. Auch meine Ausflüge ins Internet werden immer ausgedehnter.

Mal sehen, wo mich die Computerreise noch hinführt.

10 Mit Facebook trotz Blindheit in die Welt schauen

Über Facebook gibt es in unserer Gesellschaft viele kontroverse Meinungen. Die Verbreitung persönlicher Daten und Fotos bewirkt bei vielen Menschen Unbehagen und gibt diesen das Gefühl einer verletzbaren Privatsphäre. Daran sollten alle Hobbyfotografen denken, die Fotos mit fremden Personen ins Netz stellen. Wer sich jedoch bei Facebook anmeldet, der ist selbst neugierig auf andere Menschen und dürfte beim Veröffentlichen seiner eigenen Daten und Bilder nicht überempfindlich sein. Facebook bedeutet, sehen und gesehen werden. Aber was macht dann ein Blinder auf dieser Sozialplattform?

Ich bin aufgrund meiner Erblindung zum Schreiben gekommen. Blindheit und Schreiben stehen nicht im Widerspruch zueinander. Der Weg in eine Erblindung ist ein echtes Abenteuer und mit Abenteuern lassen sich bekanntlich Bücher füllen. Blinde Autoren schreiben heutzutage überwiegend mit dem Computer – mit Sprachausgabe versteht sich. Um mich mit anderen Autoren austauschen zu können, suchte ich schon vor Jahren im Internet die entsprechenden Foren auf. Während Facebook immer aktueller wurde, ließ die Kommunikation in den Autorenforen deutlich nach. Wer kreativ arbeitet, muss zuhören, hinsehen, sich austauschen. Die Websites der meisten Foren sind nicht barrierefrei und für blinde Computeranwender mit einem Screen Reader nur schwer zugänglich. Um auf den wichtigsten Seiten navigieren zu können, habe ich mich von einem äußerst geduldigen Studenten trainieren lassen. Mit diesem Wissen und einiger Erfahrung öffnete ich eines Tages die Facebook-Seite. Meiner Screen Reader Stimme verschlug es sogleich die Sprache. Die Unübersichtlichkeit war überwältigend. Obwohl ich der geborene Autodidakt bin, musste ich den geduldigen Studenten erneut engagieren. Dieser öffnete am Computer statt der prall gefüllten Standardseite die deutlich übersichtlichere Seite m.facebook.com für das Smartphone. In dieser Struktur fand sich der Screen Reader besser zurecht und ich konnte zum ersten Mal in die Welt hineinhören, über die alle Welt sprach. Als mir dann endlich Bekannte und Freunde begegneten, wagte ich ein paar Worte zu posten. Auch meine Autorenkollegen vom EPV-Verlag nahmen mich gleich in ihrer Gruppe auf. So manchen Text, den ich zu Anfang mutig gepostet hatte, habe ich gar nicht mehr wiedergefunden. Wer weiß, wo Facebook den untergebracht hat? Das Verfolgen von Kommentaren ist für Sehende ein Vergnügen. Da wird einfach ruckzuck von oben nach unten gescrollt. Der

Screen Reader-Anwender muss jedoch Zeile um Zeile über die gesamte Seite tippen, um dann nach Minuten festzustellen, dass ein Kommentator nur einen Smiley gepostet hat. Wie lustig!
Aber Facebook arbeitet an seiner Barrierefreiheit. Neuerdings habe ich die Facebook-App am iPhone getestet. Die ist auch für Screen Reader leicht bedienbar. Sogar Fotos werden so beschrieben, sodass ich als Blinder einen kleinen Eindruck von der Darstellung bekomme. Zum Posten benutze ich also die Website, zum Lesen bzw. Hören die App.

Fazit: Facebook bietet sicherlich oft zu tiefe Einblicke in private Bereiche, aber es ermöglicht auch Blinden einen Blick in die weite, weite Welt. Bei optimaler Dosierung ist diese Sozialplattform sehr nützlich.

11 Zu Gast in der Westdeutschen Blindenhörbücherei Münster

Sechzehn Bücherwürmer des Bundes-zur-Förderung-Sehbehinderter-NRW besuchen heute die Westdeutsche Blindenhörbücherei (WBH) in Münster. Die meisten Teilnehmer reisen mit der Bahn an. Einige Blinde sind bewundernswert mobil, wesentlich mobiler als ich. Sie nutzen die städtischen Nahverkehrsmittel und lassen sich im Zugverkehr von der Umsteighilfe assistieren. Unsere Vorsitzende sammelt ihre

Schäfchen am Bahnhof ein und leitet sie ans Ziel. Ich nutze wieder mal das Rundum-sorglos-Paket, das mir Bela bietet, und erreiche die WBH per Auto. Wir parken direkt vor dem Haupteingang.

Herzlich werden wir begrüßt und treffen unsere Gruppe in einem Informationsraum. Die WBH-Mitarbeiterin erzählt uns über die Entwicklung der Bücherei: „Die WBH hatte bereits 1955 mit der Aufsprache von Büchern auf große Tonbandspulen begonnen. Der Versand benötigte riesige Postsäcke. Damals mussten die blinden Hörer das hauchdünne Bandmaterial noch umständlich in ihre Tonbandgeräte einfädeln. Das kostete Material und Nerven. Ende der 1960er Jahre wurden diese Handhabungen mit der Einführung der Kompaktkassette wesentlich erleichtert. Sechs aufgesprochene Kassetten fanden in einer Versandbox Platz. Trotzdem mussten für ein Hörbuch oft mehrere Boxen versendet werden. Mit dem Zeitalter der Digitaltechnik kam als Datenträger die Compact-Disc. Dank weiterer Datenkomprimierung können heute Hörbücher mit einer Laufzeit bis zu dreißig Stunden auf einer einzigen CD gebrannt und zum Teil wie ein normaler Brief mit der Post zwischen der WBH und dem Hörer versendet werden.
Standard ist zurzeit bei allen Hörbüchern der WBH das DAISY-Format. Die Abkürzung DAISY steht für Digital Accessible Information System. Diese Technik bietet bei entsprechenden Abspielgeräten eine Hörbuch-Navigation, mit

der Kapitel, Unterkapitel, Seiten und selbst gesetzte Lesezeichen direkt angewählt werden können. Es gibt ferner die Möglichkeit, die Hörbücher direkt von der Website per Download zu beziehen. Den Hörern stehen viele tausend Titel der unterschiedlichsten Genres zur Auswahl. Die Bestellungen können telefonisch, per Post oder Mail abgegeben werden."

Damit endete der erste Vortrag. Es kommt Bewegung in unsere Gruppe. Es wird spannend. Hände und Stöcke bahnen sich durch Gänge und über Treppen ihren Weg. Wir dürfen in den Betriebsablauf der WBH hineinschauen, hineinhören und uns hineintasten.
Eine riesige Bibliothek mit echten Büchern tut sich auf. Diese Bücher dienen den Sprechern als Vorlage. Die Hörbücher sind mit ihren Boxen in nicht enden wollenden Regalen eingeordnet. Ich versuche, diese Dimension mit meiner Fantasie zu erfassen. Kaum möglich.
Unsere Vorsitzende des BFS-NRW, flüstert mir fragend ins Ohr: „Deine Bücher ‚im Testprogramm des Schicksals' und ‚Ein Tag für Blinde, Lahme und Verrückte' stehen doch auch hier. Sollen wir uns die mal zeigen lassen?"
Ich fühle mich geehrt, bleibe aber gegenüber den Mitarbeitern der WBH lieber inkognito.
Im nächsten Raum überspielen Tontechniker alte, hochwertige Bandaufnahmen auf digitale Tonträger und versehen diese mit dem modernen DAISY-Format. Wir stellen

viele Fragen und erhalten geduldig Antworten. Die weißen Stöcke klackern weiter, bis sie in einen Gang mit Einzelkabinen vorstoßen. In schallgeschützten Tonstudios lesen professionelle Sprecherinnen und Sprecher die neuesten Bücher per Mikrofon auf digitale Tonträger. Jetzt wird es sehr persönlich. Eine Sprecherin und ein Sprecher, deren Stimmen mir bekannt sind, unterbrechen ihre Arbeit und begrüßen uns. Wenn man über Jahre, Buch für Buch, diese liebgewonnenen Stimmen hört, dann sind sie so vertraut wie bei einem Familienmitglied. Die meisten unserer Gruppe sind gerührt. Wir dürfen in eines der Studios ‚schauen' und lassen uns die Technik näher erklären. Beim nächsten Anhören eines Hörbuches werde ich sicherlich hin und wieder gefühlsmäßig auch in diesem Raum sein.

Während der weiteren Besichtigung werden im Hintergrund Lkw-weise Hörbücher abtransportiert und die Rücksendungen von fleißigen Händen erneut in der riesigen Bibliothek eingeordnet. Auch die Titel anderer Blindenhörbüchereien können mittlerweile bei der WBH bestellt und ausgeliehen werden. Das Ausleihen und Versenden ist für die Mitglieder der WBH kostenfrei. Mitglied werden kann jeder mit einer ärztlich anerkannten Sehbehinderung. Da dieses Projekt von der öffentlichen Hand nur zum Teil finanziert wird, ist die Existenz der WBH grundsätzlich auf Spenden angewiesen.

Die Besichtigung endet. Ich empfinde den Abschied, als würde ich ein Stück Heimat verlassen. Wir haben Appetit bekommen und stärken uns in dem rustikalen Gasthaus ‚Drübbelken' mit westfälischen Köstlichkeiten. Mein Bier zischt, Bauch voll, Glas leer. Energiegeladen spazieren wir in die Innenstadt von Münster.
Ein sehendes Mitglied führt die Gruppe zu vielen historischen Gebäuden und gibt uns dazu umfangreiche Informationen. Mehrere Modelle von Stadtteilen oder einzelnen Bauwerken bieten auch den Sehbehinderten die Möglichkeit, sich tastend eine Vorstellung von der beschriebenen Umgebung zu machen. Der Ausflug endet für viele am Bahnhof Münster und die Heimreise wird für die meisten Sehbehinderten wieder abenteuerlich. Ich bin Bela dankbar, dass ich als Copilot im Auto wesentlich stressfreier nach Hause rollen kann.

12 Meine eigene Website, mein eigener Blog oder wie ich aus einer Not eine Tugend machte!

(von David Röthle)

In meinem Alltag als Blinder werde ich immer wieder gefragt: „Wo kann man sich über das Thema Blindheit und wie Blinde ihren Alltag meistern, informieren?"
Auf diese Fragen hatte ich meistens keine befriedigenden Antworten. Sicherlich, man konnte sich im Internet auf den Webseiten der Blindenverbände erkundigen. Doch waren das die

Informationsquellen, die den Sehenden interessierten? Nun, ich denke nicht. Da ich keine Alternativen fand, keimte in mir der Wunsch auf, eine eigene Website zu entwerfen, die genau solche Fragen beantworten würde. Von der Idee bis zur Umsetzung war es ein weiter Weg. Ich verfügte über gute Computerkenntnisse, und konnte mit diversen Programmen und dem Webbrowser umgehen, mehr aber nicht. Schnell musste ich feststellen, dass ich mit den herkömmlichen Plattformen, auf denen Blogger ihre Texte veröffentlichen, nicht zurechtkam. Weder waren diese barrierefrei gestaltet, noch fühlte ich mich dort gut aufgehoben. Jedoch für das Erstellen einer eigenen Website fehlten mir erst recht die Kenntnisse. Also wurde diese Idee erst einmal auf Eis gelegt!

Zufall oder Schicksal?

Eines Tages lernte ich die Webdesignerin Jutta S. kennen. Mir kam diese Begegnung wie ein Wink des Schicksals vor. Ich sprach Jutta auf meine Idee mit der eigenen Website an und konnte sie schnell dafür begeistern. Kurzerhand entschied sie, dass ich ihr nächstes soziales Projekt werden sollte, und dass sie mich bei meinem Vorhaben unterstützen würde. Sie war es auch, die mir erklärte, worauf es bei einem Blog ankommt.
Meine Website benötigte einen vielversprechenden Namen. Von meinem Blog sollte eine starke Botschaft ausgehen. Er sollte sich mit hochinteressanten Beiträgen füllen.
Das klingt simpel, ist es aber nicht! Mehr und mehr wuchsen meine Ideen.

Es sollte generell um Blindheit gehen, darum, wie ich als Blinder meinen Alltag meistere. Die Zielgruppe war auch bald festgelegt. Ich wollte mich in erster Linie an Sehende wenden und an alle, die sich für dieses Thema interessieren.
Meine Botschaft hieß nun: Brücken bauen zwischen Sehenden und Blinden, Barrieren in den Köpfen einreißen, Vorurteile abbauen!
Über die Gestaltung, über das Design der Website musste ich mir keine Gedanken machen. Einfach, schlicht, aber ansprechend sollte sie sein. Dafür sorgte Jutta ja.
Nun fehlte noch der passende Name für meinen Blog. Lange kreisten meine Gedanken um diese Frage. Diverse Möglichkeiten wurden erdacht und wieder verworfen. Eines Tages fiel endlich der Groschen. Der Name sollte bereits ankündigen, wofür dieser Blog steht. Im Grunde wollte ich künftig ein wenig aus dem Nähkästchen plaudern, von persönlichen Erlebnissen und Erfahrungen erzählen, die sonst meist im Verborgenen bleiben. Und da „Verborgenes" nicht laut hinausposaunt wird, kam ich auf den Namen, beziehungsweise auf die Internetadresse:
www.blindgefluester.de

Meine Idee, mein Traum wurden zur Realität! Endlich konnte ich mein Wissen, meine Gedanken und meine Geschichten in die Welt hinaustragen. Nicht zuletzt ist dieser Blog eine wunderbare Möglichkeit, meiner Kreativität Ausdruck zu verleihen, eine Möglichkeit, die sich gut in meinen Alltag integrieren lässt!
Endlich hatte ich die Gelegenheit, Sehenden Einblick in eine Welt

zu geben, die ihnen sonst verborgen bleibt. Auf jeden Fall würde ich mich freuen, wenn ich auf diesem Weg Vorurteile abbauen und für mehr Verständnis sorgen könnte.

Auf diese Weise sind inzwischen viele Beiträge auf meinem Blog entstanden. Dabei gebe ich Einblicke in mein Leben und Informationen zur Blindheit. Die Themen reichen dabei von A wie Alkohol über K wie Krisenbewältigung bis zu Z wie Zähneputzen.

Das alles versuche ich nicht nur interessant, sondern auch humorvoll zu verpacken. Es kann schon mal ernster zur Sache gehen, doch nie so, dass man mit einem schlechten Gefühl die Seite verlassen müsste.

Bloggen, ein Teil von mir!

Inzwischen ist mein Blog zu einem festen Bestandteil meines Lebens geworden, Routine ist dennoch nicht eingetreten. Es ist weiterhin spannend, neue Themen zu finden und diese zu einem lesenswerten Beitrag zu gestallten. Abschließend kann ich sagen, dass Bloggen gerade für Blinde eine gute Möglichkeit zum Schreiben ist. Nicht nur, weil eigene Texte in kürzester Zeit veröffentlicht sind, sondern vor allem, weil man unmittelbar Rückmeldung bekommt und mit dem Leser in einen Dialog treten kann. Ich schätze das sehr und die positiven Kommentare motivieren mich bis heute zum Weitermachen!

Übrigens: Ich freue mich schon jetzt auf Ihren Besuch.

Kapitel IV - Krimizeit

01 Mit Stock und Mut - Nach einer wahren Begebenheit

Im Büro des Supermarktes klingelte das Telefon. Die Filialleiterin griff zum Hörer und meldete sich freundlich: „Delikata-Markt, Ilona Berger am Apparat. Was kann ich für Sie tun?"

„Guten Tag, hier ist Alexandra Pol. Es ist schon wieder Freitag. Ich möchte heute bei Ihnen nach der Arbeit einkaufen. Ich habe um zwölf Uhr Dienstschluss. Wann hat jemand Zeit, mir im Geschäft zu assistieren?"

„Kommen Sie direkt nach Ihrer Arbeit. Ich werde mich persönlich um Sie kümmern."

„Danke, ich werde mich beeilen."

Die Physiotherapeutin Alexandra Pol war seit einigen Jahren völlig erblindet. Sie wohnte in einer Zweizimmerwohnung am Stadtrand. Der Weg zwischen Wohnung und der physiotherapeutischen Großpraxis dauerte zu Fuß zwanzig Minuten. Der Delikata-Markt lag auf halber Strecke. Freitags hatte die Vierzigjährige grundsätzlich ab mittags frei, und dann ließen sich die privaten Pflichten bequem erledigen. Im Gegensatz zu vielen anderen Frauen war Einkaufen nicht ihr größtes Hobby. Es reichte ihr, den Mut aufzubringen, sich an fünf Wochentagen alleine mit dem weißen Langstock zwischen Wohnung und Praxis durch den Verkehr zu tasten. Abgestellte Taschen auf Treppenstufen, quergelegte Fahrräder, Mülltonnen mitten auf dem

Gehweg, falsch geparkte Autos und rücksichtslose Verkehrsteilnehmer machten diese Strecke zweimal täglich zu ihren individuellen Abenteuerreisen.

Alexandra verabschiedete sich von ihren Kollegen und trat auf den Gehweg hinaus. Das Kopfsteinpflaster der verkehrsberuhigten Zone ließ die Reifen unzähliger Fahrzeuge poltern. Ladungen der Lkw klapperten schrecklich. Nervtötend für Anwohner, günstig für die analytischen Ohren einer Blinden.
Die Spitze des Langstocks meldete Gehwegplatten, Kantensteine, hellklingende Schilderpfosten und dumpfe Laternenmasten. Hin und wieder vernahm Alex tuschelnde Stimmen in Hauseingängen. Wenn die Blinde passierte, verstummten die Gespräche. Frau Pol spürte das widerlich klebrige Gaffen auf der Haut. Wenn sich ihre Schritte einige Meter entfernt hatten, dann war das Getratsche erneut zu hören.
Nach knapp zehn Minuten zerrte heute etwas frech an der Stockspitze.
„Na, ihr wollt doch wohl nicht miteinander zanken!", rief Pol in gespielt ernstem Ton und zog ihren Stock aus der dichten Hecke, deren Zweige die Spitze umklammerten.
Hier begann die natürliche Begrenzung des Parkplatzes vom Delikata-Markt. Noch zehn Schritte, dann würde auf der linken Seite die Parkplatzausfahrt kommen.

Frau Pol wusste, dass es sich an dieser Ausfahrt um eine Einbahnstraßenregelung handelte. Wenn sie von links kein Auto kommen hörte, dann konnte sie unbesorgt auf dem Gehweg bis zum Ladeneingang weiterlaufen.
„Also voran!", machte sich Alex selbst Mut und begann zu zählen. „Zehn, neun, acht, sieben, sechs, fünf, vier, drei, zwei und Stopp!"
Die Stockspitze erfummelte das Ende der Parkplatzhecke. Von links kam kein Motorgeräusch.
Rechts, auf der Straße, rollte ein Fahrzeug hinter dem nächsten her. Die Motorgeräusche vereinigten sich zu einem wabernden Dauerton.
Mutig pendelte sie mit dem Langstock voran, um die Ausfahrt zu passieren.

Bums! Ein metallischer Laut. Der Langstock wurde nach vorne gerissen. Die Schlaufe zog an Alexandras Handgelenk. Sie kam ins Taumeln. Die Schulter prallte hart gegen ein Hindernis. War das eine Karosserie? Pol versuchte sich reflexartig daran abzustützen, doch das Fahrzeug bewegte sich rasch nach links. Es gab kein Halten mehr. Der schreckliche Sturz endete schmerzhaft auf Händen und Knien. Der Puls raste. Das Herz sprang fast aus der Brust. Doch der Stock, der Treue, er hing immer noch am Handgelenk.
Adrenalin und Entsetzen brachten den Körper erstaunlich schnell wieder auf die Beine. Mit zitternden Fingern strichen

sie über den weißen Faltstock. Das letzte Glied des Blindenstocks war völlig verbogen.
„Scheiße!“, entfuhr Alexandra ein Fluch.
Ihre Gedanken rotierten in Bruchteilen von Sekunden. Was war geschehen? Hatte sie etwas nicht bedacht? Hatte sich neuerdings in der Verkehrsregelung etwas geändert, was ihr entgangen war, was man ihr nicht vermittelt hatte?
Eine ältere Männerstimme schnauzte: „Sind Sie verrückt geworden?“
Empört platze Pol heraus: „Sie fragen mich, ob ich verrückt bin? Sie haben mich fast überfahren! Ich benutze extra einen Blindenstock und befinde mich auf dem Gehweg! Wieso kommen Sie überhaupt von rechts? Sie sind doch sicherlich falsch in die Einbahnstraße des Parkplatzes eingebogen, oder nicht?“
Der Fahrer erwiderte: „Wenn Sie nichts sehen, dann müssen Sie sich begleiten lassen“, und er drohte: „Sie haben mit Ihrem Stock auf meinen Wagen geschlagen. Ich kann Ihnen jetzt schon sagen, dass das teuer wird. Machen Sie, dass Sie weiterkommen!“
Frau Pol schäumte vor Zorn: „Sie fahren mich an und beschweren sich noch? Wie unverschämt ist das denn? Wenn hier jemand blind und bekloppt ist, dann sind Sie das. Man sollte Ihnen den Führerschein entziehen! Ich rufe jetzt die Polizei!“

Pol tastete hastig in ihrer Jackentasche nach dem Handy. Ihre Ohren registrierten das dumpfe Schließen der Wagentür. Der Motor sprang an. Eilig entfernte sich das Fahrzeug. Pol richtete ihr Gesicht nach dem Fluchtwagen aus, hielt sich das Mobiltelefon vor die Stirn und bediente die Fotofunktion. Fünfmal machte es klick.

Bei jedem Klick wählte sie einen etwas anderen Winkel. Dann verschwand das Motorgeräusch.

Die Vierzigjährige lauschte nach Stimmen eventueller Passanten und fragte: „Hallo, ist hier jemand, der mir helfen kann? Hat jemand den Unfall gesehen?“

Unglaublich, sonst rannten hier freitags zu dieser Uhrzeit tausend Leute herum. Jetzt, wo sie mal einen Menschen als Augenzeugen benötigte, war niemand da. Oder doch? Hatte jemand den Unfall und die Unfallflucht beobachtet? Fehlte es wiedermal an Zivilcourage, um einer Behinderten beizustehen?

Frau Pol wählte im Handy den Notruf der Polizei, gab Ort und Unfallhergang an und wartete. Und wartete. Und wartete.

Endlich hielt ein Wagen. Türen öffneten sich. Schritte kamen näher.

„Sind Sie Frau Pol?“, fragte eine freundliche Polizistin. „Ich bin Svenja Grün und neben mir ist Kollege Bernd Rettig.“ Auch der Beamte grüßte.

Frau Pol berichtete lebhaft von ihrem Abenteuer: „Ich weiß genau, dass an dieser Stelle die Fahrzeuge nur vom

Parkplatz herunterfahren dürfen. Es ist eine Einbahnstraße. Ich habe nicht damit gerechnet, dass mir ein Idiot von der falschen Seite vor die Füße fährt. Ich bin die Sehbehinderte und nicht der Fahrer. Und dann wird der Kerl auch noch frech und haut ab!"

Die Beamtin fragte nach Zeugen. Pol sagte: „Ich habe im weiteren Umfeld mehrere Stimmen gehört und laut gefragt, ob jemand etwas beobachtet hat. Aber anscheinend haben sich alle verdrückt."

Der Beamte untersuchte den weißen Faltstock. Das untere Glied war völlig verbogen und die Reflektorstreifen zerkratzt. Er fragte: „Wie ist das passiert?"

Pol erklärte: „Plötzlich war dieser Wagen da. Beim Tasten verfing sich die Spitze vermutlich zwischen Rad und Radkasten. Ich wurde nach vorne gerissen und bin gestürzt. Wissen Sie, wir Blinden haben immer eine Schlaufe am Handgelenk, damit uns der Stock nicht hinfallen und wegrollen kann."

„Sind Sie verletzt?"

„Ich denke, ich hatte Glück. Aber egal. Ich will zuerst, dass Sie diesen Verkehrsraudi finden. Ich habe ihn vielleicht fotografiert." Sie reichte der Polizei das Mobiltelefon.

„Schauen Sie, ob ich den Wagen getroffen habe."

Beeindruckt fragte die Beamtin: „Sie haben blind Fotos gemacht? Faszinierend!"

Pol erklärte: „Blinde Menschen benutzen die Fototechnik der Smartphones immer häufiger, um Texte auf Speise-

karten oder Bahnfahrplänen zu scannen. Deren Inhalt wird dann in gut verständliche Sprache gewandelt."
Polizist Rettig fand die Aufnahmen im Display und sagte: „Klasse, Frau Pol! Der Wagen ist auf drei Bildern zu sehen." Er betätigte den Zoom und ergänzte: „Leider ist das Kennzeichen kaum zu erkennen. Wenn Sie uns gestatten, dann vergrößern wir die Bilder in der Wache am Computer."
„Oh, wenn Sie wollen, dann können wir das gleich in meiner Wohnung erledigen. Damit ersparen Sie mir auch den lästigen Fußweg nach Hause. Mir wackeln jetzt noch die Knie."

Der Polizeiwagen hielt vor ihrem Haus. Beeindruckt beobachteten die Beamten, wie sicher die Blinde die Treppenstufen zum Eingang ertastete und gezielt das Schloss fand. Und sie sahen, wie viele neugierige Augen hinter den Gardinen lugten. Passanten blieben auf dem Gehweg stehen und gafften ungeniert.
Frau Pol öffnete ihre Wohnung im zweiten Stock. Sie bot den Beamten Platz an und startete den Computer. Geschickt stellte sie eine Verbindung zwischen Rechner und Mobiltelefon her. Bald darauf zeigte der Monitor das Bild einer Limousine. Mit jedem weiteren Bild entfernte sich das Fahrzeug von der Kamera.
Polizist Rettig zoomte mit der Maus das erste Bild. Details wurden sichtbar. Er triumphierte: „Bravo, Frau Pol. Sie haben den Täter so gut wie überführt. Das Kennzeichen ist lesbar. Wir leiten sofort die Ermittlungen ein. Sollen wir Sie

nun zu einem Arzt oder ins Krankenhaus fahren, um eventuelle Verletzungen feststellen und behandeln zu lassen?"
„Nein danke. Bis ich mich selbstständig in einem Krankenhaus zurecht finde, sind alle Macken längst verheilt. Nur holen Sie mir bitte diesen verdammten Verkehrsraudi von der Straße."
Pol schloss hinter den Beamten die Wohnungstür. Sie pustete langgezogen aus, streifte die Schuhe von den heißen Füßen und ließ sich erleichtert in die kuscheligen Kissen ihrer Couch fallen. Erst jetzt gestattete der Selbsterhaltungstrieb den Knie- und Handgelenken, über brutale Umgangsformen schmerzhaft zu klagen.

Während sich bei Frau Pol die nervliche Anspannung löste, nahmen die Beamten die Ermittlung auf.
Gegen 14 Uhr wurde Rentner Sattelmeier vom mehrfachen Klingeln in seiner Mittagsruhe gestört. Er schlurfte verärgert durch die Diele, öffnete ruppig die Wohnungstür und blickte verwundert in die Gesichter zweier uniformierter Polizisten. Die Beamtin sagte: „Mein Name ist Svenja Grün und das hier ist Kollege Bernd Rettig. Sind Sie der Fahrzeughalter dieses Wagens?" Sie zeigte ihm ein Foto und nannte das Kennzeichen.
Der Achtzigjährige nickte stumm und zog ein mürrisches Gesicht.
„Herr Sattelmeier, wo sind Sie heute gegen 12:15 Uhr mit Ihrem Wagen gewesen?"

„Ich war Getränke holen."
„Wo waren Sie Getränke holen?"
„Ja, wo war das?", setzte er eine nachdenkliche Miene auf. „Im Getränkemarkt war ich."
„Sind Sie auch auf den Parkplatz des Delikata-Marktes gefahren?"
„Nein, dort bin ich nicht gewesen.
„Das Foto mit Ihrem Wagen zeigt aber den Parkplatz vom Delikata-Markt. Schauen Sie genau hin." Grün hielt das Foto wieder hoch und fragte: „Wie erklären Sie das?"
„So?", fragte Sattelmeier gespielt verwundert und kratzte sich am Kopf. „Ja, stimmt. Ich hatte nicht mehr daran gedacht. Dort bin ich nur drüber gefahren. Es war kein Einstellplatz frei."
Die Polizistin fuhr fort: „Eine Frau hat Anzeige erstattet, dass Sie ihr fast über die Füße gefahren sind. Sie ist gestürzt und der Blindenstock wurde beschädigt."
„Ach, das meinen Sie. Eine Blinde hat mit ihrer Krücke absichtlich auf meinen Wagen geschlagen, als ich an ihr vorbeigefahren bin. Ich habe gesehen, dass an der linken Seite Lackschäden entstanden sind. Da man heutzutage schon von Staatswegen ein Herz für diese Behinderten haben muss, habe ich kein Theater gemacht und bin weitergefahren."
Polizist Rettig verzog keine Miene und forderte: „Zeigen Sie uns Ihren Wagen bitte."

Nur widerwillig führte Sattelmeier die Beamten in der Tiefgarage zu seinem Auto.
Rettig beugte sich zu dem Lackkratzer am hinteren, linken Radkasten. Er strich mit den Fingern darüber und sagte betont mitleidsvoll: „Oh, das wird in einer Fachwerkstatt teuer. Sind Sie sich ganz sicher, dass die blinde Frau ganz alleine schuld an diesen Schaden ist?“
In dem alten Mann keimte die Hoffnung auf, dass der Polizist auf seiner Seite stehen könnte. „Da hebe ich drei Finger für hoch!“, triumphierte Sattelmeier. „Ich fahre seit sechzig Jahren unfallfrei. Das können Sie überprüfen.“
Rettig richtete sich auf und die Beamten tauschten einen Blick. „Gut, dann nimmt meine Kollegin Ihre Aussage jetzt in der Wache zu Protokoll.“
Sattelmeier nahm siegesbewusst auf der Rückbank des Polizeiwagens Platz.
In der Wache protokollierte Polizistin Grün die Aussage des Rentners, dass der von der Straße über den Gehweg in den Parkplatz eingebogen sei. Dabei habe die blinde Frau von links mit dem Stock gegen den fahrenden Wagen geschlagen. Sattelmeier unterschrieb diese Darstellung.
Die Beamtin ließ sich seinen Führerschein aushändigen. Dann erklärte sie sachlich: „So, Herr Sattelmeier, die Fahrerlaubnis bleibt vorläufig bei uns, bis sich Ihr Fall geklärt hat. Der Kratzer an Ihrem Wagen und die Fotos der Frau belegen, dass Sie aufgrund vorsätzlichen, verkehrswi-

drigen Verhaltens einen Unfall mit Personenschaden herbeigeführt haben."
Sattelmeier fiel es wie Schuppen von den Augen und er fragte: „Wie, Sie behalten meinen Führerschein? Ich soll schuld an dem Unfall sein? Ich werde mich beim Bürgermeister beschweren! Wie komme ich nun nach Hause?"
„Wir bestellen Ihnen gerne auf Ihre Kosten ein Taxi. Alles Weitere wird Ihnen in Kürze von der Staatsanwaltschaft schriftlich mitgeteilt."
Schimpfend verließ der Rentner die Polizeiwache.
Polizistin Grün griff zum Telefonhörer und teilte Frau Pol mit, dass der Unfallflüchtige ermittelt und ein Strafantrag eingeleitet sei.

Um 18 Uhr läutete bei Sattelmeier das Telefon. Eine Frauenstimme meldete sich: „Ich möchte Sie im Kreis der Fußgänger begrüßen. Doch seien Sie bitte vorsichtig. Auf den Gehwegen muss man mit skrupellosen Falschfahrern rechnen!"
Sattelmeier fragte: „Wer sind Sie denn?"
„Sagen wir mal, ich bin eine blinde Augenzeugin!" Dann war die Leitung stumm.

02 Freundschaft mit der Dunkelheit

John Recke wohnte in einem einsamen Fachwerkhaus, das er vor einigen Jahren von seinem Großvater Johann geerbt hatte. John war aufgrund einer Augenerkrankung erblindet. Er hatte fast vierzig Jahre als Physiotherapeut in einer Klinik gearbeitet. Nun entließ man ihn im Alter von 58 Jahren aufgrund eines betrieblichen Strukturwandels in den Vorruhestand. Da sein altes Haus abseits der öffentlichen Verkehrsanbindungen lag und Johns Mobilität sehr eingeschränkt war, fand er sich mit der unerwarteten Entlassung schon bald ab.

Er wäre mit seiner Behinderung nie alleine auf dieses Waldgrundstück gezogen, doch seine Frau Sabine hatte für diesen romantischen Ort geschwärmt. Leider starb sie vor vier Jahren unerwartet an Krebs.

Mittlerweile belastete John die Abgeschiedenheit und Einsamkeit immer mehr. Doch heute sollte sich das ändern. Recke erwartete Besuch. Nicht irgendeinen Besuch. Nein, Maria Küpper musste jeden Moment eintreffen. Sie war geschieden und hatte viele Jahre in der gleichen Klinik als OP-Schwester gearbeitet. Maria würde das gesamte Wochenende bleiben.

Ein Wagen rollte heran. Marias Tochter Inga hupte zweimal und schon öffnete Recke fröhlich die Tür. Er übernahm das Gepäck und trug es ins Haus. Inga wollte sich nicht lange aufhalten und rief grinsend aus dem Wagenfenster: „Ich

denke, man kann euch beide zwei Tage alleine lassen. Macht also kein dummes Zeug. Aus dem Alter solltet ihr heraus sein."
Hupend rollte das Auto auf dem Waldweg davon.

„Es duftet nach Kaffee", bemerkte Maria erfreut.
John schmunzelte: „Ich habe auch einen Kuchen gebacken. Frage mich bitte nicht, wie der aussieht. Es wird katastrophal sein."
Maria setzte sich im Wohnzimmer auf die Couch. Er startete eine CD von Simon und Garfunkel. Leise sang das Duo: „And here's to you, Mrs. Robinson.
Jesus loves you more than you will know."
Maria meinte gerührt: „Erinnerst du dich, dass wir beide vor zwanzig Jahren auf dem Sommerfest der Klinik zu diesem Titel das erste Mal miteinander getanzt haben?"
„Klar, da habe ich sogar noch etwas gesehen. Das war prickelnd. Aber wir beide waren auch noch in festen Händen. Magst du einen Likör zum Kaffee?"
„Nein danke, ich denke, vor dem Abendessen trinke ich nichts. Lass uns nach dem Kaffee durch das Haus und über das Grundstück gehen. Ich sterbe vor Neugierde."

John bewegte sich in der gewohnten Umgebung so routiniert, dass seine Sehbehinderung kaum auffiel. Er zeigte ihr jedes Zimmer und beschrieb präzise jedes Detail. Maria war über die geschmackvolle Einrichtung erstaunt.

Freigelegtes Fachwerk, antike Sammlerstücke und moderne Möbel ergaben ein harmonisches Bild. Sie zogen warme Jacken an und traten vor die Tür. Draußen zerrte der Herbstwind an Marias Haaren und rauschte im Blätterdach des nahen Waldes. Die rasche Dämmerung verkürzte den Rundgang. Zurück im behaglich warmen Hausflur rieb sich Maria die Hände. Sie schnupperte. „Hier riecht es so köstlich nach Essen."

„Ja, ich hatte den Backofen angestellt mit einem vorbereiteten Braten. Du kannst bitte gleich den passenden Wein dazu aussuchen."

John öffnete im Küchenfußboden eine Klappe und erklärte: „Hier geht es in ein Verließ. Hast du davor Angst?"

Skeptisch blickte Maria in das dunkle Rechteck und erkannte eine Holztreppe. Mutig stieg sie die knarrenden Stufen hinab. Maria pfiff leise. „Ein echter Gewölbekeller. Für Vorräte schön kühl."

Sie wählten zwei Flaschen Rotwein aus, kehrten zurück in das muckelige Wohnzimmer und machten es sich dort bequem.

Maria zeigte zu einem Heizkörper: „Sind das Gasöfen?"

„Ja, aber keine Sorge. Alle sind gut abgesichert."

Draußen wurde es dunkel. Plötzlich klingelte es an der Haustür. John machte ein fragendes Gesicht. Er stand aus dem Sessel auf, tastete sich bis zum Flur vor und fragte durch die geschlossene Tür: „Hallo, wer ist denn dort?"

Es kam keine Antwort. Nur ein Klopfen. John öffnete einen Spalt. Sofort wurde ihm die Tür brutal entgegengestoßen. Ein Mann mit grauem Bart hielt Recke eine Pistole vor die Nase. Er wunderte sich über John Reckes reaktionslose Augen. Der Fremde bewegte seine Hand vor dem anderen Gesicht hin und her. Er begann spöttisch zu lachen: „Haha, du bist ja völlig blind. Das ist gut, das ist sogar sehr gut!"
John hatte sich gefasst und rief: „Sie verlassen sofort mein Haus! Sie sind wohl wahnsinnig! Ich rufe die Polizei!"
„Du rufst niemanden, mein Freundchen. Sind noch mehr Leute im Haus?"
„Nein, ich bin alleine und Sie verschwinden jetzt."
Der Verbrecher drückte die Mündung seiner Waffe auf Reckes Stirn und knurrte: „Blinder Mann, ich habe eine Pistole auf deinen Schädel gerichtet. Wenn du nicht spurst, dann schieße ich dir gerne beide Ohren weg. Verstehen wir uns jetzt?"
John rief nach hinten: „Maria, das ist ein Überfall! Schließ dich ein und ruf die Polizei!"
Der Verbrecher hastete ins Wohnzimmer und bedrohte die Frau mit seiner Pistole. „Aufstehen und Hände hoch!"
Maria Küpper hielt ihr Smartphone in der Hand und strich scheinbar nervös mit dem Daumen über das Display.
Da die Frau nicht sogleich auf den Befehl des Verbrechers reagierte, zerschoss der Fremde direkt neben ihr die Stehlampe. Sie klirrte und erlosch.

Maria rief: „Lassen Sie das! Was wollen Sie?“ Die OP-Schwester öffnete ihre Handtasche und warf dem Mann ihr Portmonee vor die Füße. „Mehr habe ich nicht. Also nehmen Sie das Geld und gehen Sie.“
John Recke war erstaunt, wie gefasst Maria reagierte. Ja, im OP galt sie als ruhender Pol. Egal, wie kritisch die Situation wurde.
Der Verbrecher befahl John und Maria, sich still auf die Couch zu setzen. Er ließ sich Marias Smartphone geben und betrachtete es misstrauisch. „Als ich vor fünfzehn Jahren in den Knast gesteckt wurde, da hatten die Handys wenigstens noch Tasten. Wie bedient man dieses Scheißding?“
Maria Küpper sagte gelassen: „Wenn Sie genügend Zeit mitgebracht haben, dann erkläre ich Ihnen die Funktionen.“
Verärgert steckte der Mann das Handy in seine Brusttasche und schnauzte John Recke an: „Blinder, gib mir auch dein Handy, damit du nicht auf dumme Gedanken kommst.“
John rückte sein Smartphone widerwillig heraus und der andere fluchte: „Das Scheißding hat ja auch keine Tasten. Sag mir, wie du damit telefonierst.“
John fragte spöttisch: „Können Sie Blindenschrift lesen?“
Der Eindringling schleuderte Reckes Smartphone zornig zu Boden und zertrat es knirschend mit dem Schuh.
In den Lautsprechern der Hi-Fi-Anlage sangen Simon & Garfunkel: „Hello darkness, my old friend, I've come to talk with you again.”

Der Räuber drückte auf die Fernbedienung der Musikanlage, um den Ton abzuschalten. Doch das funktionierte nicht. Wütend schoss er auf den Verstärker. Die Boxen verstummten. Er schaltete den Fernseher ein. Es war gerade 20 Uhr und die Nachrichten begannen.
„Guten Abend, meine Damen und Herren. Ich begrüße Sie zur Tagesschau. Aus der Deppstädter Justizvollzugsanstalt ist am frühen Nachmittag der 55-jährige Oskar Kross ausgebrochen. Kross entwendete eine Dienstpistole mit fünf Patronen. Er wurde vor fünfzehn Jahren wegen dreifachen Mordes bei einem Raubüberfall zu einer lebenslänglichen Haft verurteilt und ist hochgradig gefährlich rücksichtslos gegen alle Personen, die sich ihm in den Weg stellen. Wir bitten die Bevölkerung, vorsichtig zu sein und eventuelle Hinweise an die Polizeidienststellen zu melden."

John drückte unauffällig fünfmal Marias Hand. Dann zweimal. Sie erwiderte dreimal seinen Händedruck. Also hatte sie ebenfalls die verbliebenen Kugeln errechnet.
Zwei von den fünf erwähnten Patronen hatte Oskar Kross seit seinem Eindringen hier im Haus verschossen. Die Waffe enthielt demnach noch drei Patronen.
Kross schaltete den Fernseher aus und befahl Frau Küpper: „Los, geh in die Küche und mach was zu essen. Ich habe Hunger. "

John drückte Marias Hand und begann leise zu singen: „Hello darkness, my old friend, I've come to talk with you again."
Kross brummte: „Was für einen Scheiß singst du da?"
John erklärte: „Bevor Sie meine schöne Stereoanlage zerschossen haben, hieß es im Text von Simon und Garfunkel: ‚Hallo Dunkelheit, mein alter Freund, ich kam, um wieder mit dir zu reden'. Nicht wahr, Maria?"
Maria machte ein fragendes Gesicht. Was wollte John ihr mit dieser Metapher sagen?
Kross richtete die Waffe auf die 57-jährige und drohte: „Du gehst jetzt sofort in die Küche und machst etwas zu essen."
John stimmte ein: „Ja, die Küche. Das ist ein klassisches Verlies für Frauen. Wann verließ Inga die Küche und hatte sie eigentlich den Braten in den Ofen geschoben?"
Kross schnauzte Recke an: „Quatsche hier nicht solch eine Scheiße. Halt dein Maul und lass die Frau kochen."

Maria schritt langsam zur Küche. In Gedanken wiederholte sie Johns Worte: „Die Küche. Das ist ein klassisches Verlies für Frauen. Wann verließ Inga die Küche und hatte den Braten in den Ofen geschoben?"
John sprach scheinbar nur noch in Rätseln. Doch als sie die Küche betrat, fiel ihr Blick auf die Fußbodenklappe zum Keller. Na klar, das Stichwort hieß Verlies. John wollte sie in Sicherheit wissen.

Maria öffnete leise die Bodenklappe und stieg in das dunkle Loch. Wo war der Lichtschalter? Egal, die Zeit drängte. Ihre Füße ertasteten vorsichtig Stufe um Stufe. Dann schloss sie lautlos die Klappe über sich.
Es wurde stockfinster. Gruselig finster.
John hatte gesungen „Dunkelheit, mein alter Freund". Hatte er ihr damit Mut machen wollen? Sie rief sich in Erinnerung, dass John seit Jahren ohne zu sehen leben musste. Er hätte hier keine Angst oder mulmige Gefühle. Also müsste auch sie ihre aufsteigende Beklemmung beherrschen können. Was hatte John nun vor? Wie wollte er als blinder Mensch gegen einen sehenden Schwerverbrecher vorgehen?
Maria ertastete eine Weinkiste und setzte sich. Nur ein ganz feiner Spalt in der Bodenklappe ließ einen winzigen Lichtschimmer in ihr Versteck. Ein Schimmer der Hoffnung?
Der Puls pochte warnend. Doch die Erfahrung sagte ihr, dass John aufgrund seiner Behinderung schon immer gut improvisieren konnte. Sie hatte Vertrauen zu ihm. Schlug nicht sogar bereits ihr Herz für ihn?

John Recke sagte zu Kross: „Ich habe einen guten Whisky in meinem Büro. Sollten wir beide nicht ein bisschen die geschundenen Nerven in Alkohol baden?"
„Wo ist dein Büro?"
„In einem der oberen Zimmer."

„Okay, Freundchen. Aber du versuchst keine Tricks. Meine Knarre ist auf dich gerichtet. Los, geh vor!“
John ertastete den Weg zur Treppe. Kross ging an ihm vorbei, um einen Blick in die Küche zu werfen. Er fluchte: „Verdammt, wo ist das Weibsstück geblieben?“ Wütend suchten seine Augen den Flur ab.
John war mittlerweile die Treppe hinaufgeeilt. Er versteckte sich in einer Schranknische und antwortete: „Maria muss in einem der Zimmer hier oben sein.“
Misstrauisch stieg Kross Schritt für Schritt die knarrenden und quietschenden Stufen hinauf. „Blinder, wo steckst du?“ Keine Antwort. Wo war der verdammte Blinde hin? Vier Zimmertüren gab es zur Auswahl. Eine stand leicht angelehnt, drei waren geschlossen. Kross trat die angelehnte Tür auf und ging mit vorgehaltener Waffe in den dunklen Raum.
Plötzlich machte es in der Schranknische am Stromzähler dreimal klick. Dann erlosch auch im restlichen Haus das Licht.
„Wo steckst du Scheißkerl?“, wetterte Kross nervös und tastete unsicher durch die absolute Finsternis. Inzwischen war es Nacht geworden. Er stieß schmerzhaft mit dem Knie an eine Holzkante. „Scheiße nochmal! Ich bring dich blinden Idioten um, wenn du nicht sofort das Licht wieder einschaltest!“

Recke gab keinen Ton von sich. Er hielt die Luft an, denn Oskar Kross stand nur eine Armlänge entfernt. Der Schwerverbrecher tastete sich weiter in den nächsten Raum vor.
John warf einen schweren Schrankschlüssel weit von sich in den Flur. Der krachte vor eine Holzwand und dann zu Boden.
Kross dachte, Recke hätte nun selbst etwas umgestoßen. Reflexartig schoss er in die vermutete Richtung. Doch die Kugel zertrümmerte nur eine alte Vase.
„Blinder, mach augenblicklich das Licht an!“, donnerte die zornige Stimme.
Die unheimliche Finsternis blieb. Die unheimliche Stille blieb. Kross glaubte, seinen Herzschlag zu hören. Seine angestaute Aggression könnte jetzt eine ganze Armee vernichten. Doch dazu müsste er den Feind erst einmal sehen.
John hatte von seinem Großvater in jungen Jahren jedes Mal einen Klaps auf den Po bekommen, wenn er mit dem Hosenboden waghalsig das Treppengeländer heruntergerutscht war. Offensichtlich klappte das mit 58 Jahren immer noch. Keine Stufe konnte dabei verräterisch quietschen. Innerhalb von vier Sekunden endete Johns Rutschpartie unbeschadet im Erdgeschoß. Trotz der ernsten Situation konnte er sich das Schmunzeln nicht verkneifen. Unter der Treppe wartete ein Besen, dessen Stiel heimtückisch durch die Stufen gesteckt werden konnte.

John wiederholte im Flur pfeifend die Melodie „Hello darkness my old friend“. Damit würde er den Räuber herunterlocken und Maria würde gleichzeitig gewarnt sein. Kross ertastete am Geländer den Weg nach unten. Knarrend verriet die Treppe jeden seiner Schritte.

Maria saß mit mulmigem Gefühl im Gewölbekeller. Sie hatte einen Schuss gehört und ein Stoßgebet für John zum Himmel geschickt. Nun hörte sie ihn die alte Melodie pfeifen. Sie dachte an die deutsche Übersetzung: „Dunkelheit, mein alter Freund. Ich komme zu dir, um wieder mit dir zu reden.“
Sie blickte nach oben zur Fußbodenklappe. Dort war in dem Spalt kein Lichtschimmer mehr zu sehen. John hatte bestimmt den Strom im gesamten Haus ausgeschaltet. Jetzt verstand sie endlich auch die zweite Metapher richtig. Die Dunkelheit würde für John in dieser Situation die beste Hilfe sein. Er war mit ihr vertraut und kannte seit seiner Jugend jeden Zentimeter im Haus. Der Verbrecher hingegen konnte nichts sehen und das Haus war ihm fremd. Die Dunkelheit würde ihm feindlich begegnen. In Maria stieg mehr und mehr die Hoffnung auf Rettung auf.

John Recke warf zur Irreführung des Räubers wieder einen kleinen Gegenstand. Dieser landete polternd im Wohnzimmer. Sofort peitschte ein Schuss von der Treppe bis in die

Stube und traf Metall. Leise begann die Gasleitung zu rauschen.
Kross spurtete auf den letzten Stufen los. Sein Fuß blieb plötzlich an dem Besenstiel hängen. Der Verbrecher stürzte kopfüber und stöhnte vor Schmerz. Gerne hätte John dem Mann in dieser Situation etwas über den Schädel geschlagen, doch das Risiko war zu groß. Kross hatte immer noch eine Patrone.
Fluchend rappelte sich Kross auf und tastete sich ins Wohnzimmer vor. Irgendwie roch es dort komisch. Kross rief in die Finsternis: „Blinder Mann, wenn du dich ergibst, dann lass ich dich leben. Wenn nicht, dann wirst du Höllenqualen leiden und sterben! Deiner Frau wird es nicht besser ergehen!"
Kross lauschte angestrengt in die Dunkelheit. Es zischte und rauschte leise in seiner Nähe. Krachend schlug die massive Wohnzimmertür zu. Ein Schlüssel drehte sich im Schloss.
Kross tastete sich eilig zur Tür vor und stieß dabei ständig etwas um. Er hämmerte mit dem Pistolengriff gegen das Holz. Seine Stimme donnerte: „Wenn du blindes Arschloch nicht aufmachst, dann schieße ich das Schloss heraus!"
John rief zurück: „Wenn du schießt, dann ist deine letzte Kugel verbraucht!"
„Ja und? Ich brauche keine Waffe! Ich dreh dir danach eigenhändig den Hals um!"

„Glaub ich nicht!“, provozierte John weiter. Gleichzeitig öffnete er in der Küche die Bodenklappe und flüsterte: „Maria, komm schnell. Wir müssen aus dem Haus raus.“
Sie fand im Dunkeln seine Hand und er führte sie eilig zur Haustür. Draußen rannten beide durch den Garten bis in den dichten Wald.
Im Wohnzimmer hielt Kross die Mündung der Pistole genau vor das Schloss. Er wollte es herausschießen. Danach würde sich endlich seine ganze Wut über diesem Blinden entladen.
Ein Schuss, eine Gasexplosion. Scheiben klirrten. Von fern hörte man Martinshörner nahen.

„Oh, mein Gott!“, flüsterte Maria und beschrieb: „Flammen schlagen aus dem Wohnzimmerfenster. Dein schönes Haus brennt. John, da kommt die Polizei mit mehreren Wagen. Jetzt öffnet sich im Schein der Blaulichter die Haustür. Ist das Kross? Ja, er brennt lichterloh und rennt auf die Polizei zu. Er fällt vor ihre Füße. Die Männer schlagen die Flammen aus.“
Maria führte John zu den Polizisten. Aus dem Dunkeln stürzte Inga auf ihre Mutter zu und schloss sie in die Arme. „Mama, Gott sei Dank, du lebst!“
Maria fragte völlig überrascht: „Wieso bist du zurückgekehrt? Wo kommt die Polizei so plötzlich her?“
„Mama, du hattest mich doch mit deinem Smartphone angewählt. Du hast dich aber nicht gemeldet. Ich konnte

jedoch die ganze Zeit alles mithören. Der Verbrecher hatte dir das Handy abgenommen und trug es scheinbar ständig bei sich."

Maria küsste ihre Tochter und erklärte: „Ich hatte gehofft, dass die Verbindung zustande kommen würde. Aber der Kerl hatte mir das Handy direkt nach dem Wählen abgenommen."

Ein Polizist fragte John: „Herr Recke, es ist kaum zu fassen, dass Sie diesem gefährlichen Mann entkommen konnten. Hat Ihnen noch jemand geholfen?"

John schmunzelte: „Ja, die Freundschaft mit der Dunkelheit."

Kapitel V - Das Wort blind in unserer Sprache

Das Wort ‚blind' in unserer Sprache

Das Wort ‚blind' zieht sich wie ein roter Faden durch alle Themen dieser Lektüre und soll deshalb auch mit all seinen Verwandten den Abschluss bilden.

Blind – Die Eigenschaft blind bedeutet: nicht sehfähig. Es besteht eine Verwandtschaft zu dem Wort ‚geblendet'. Blind wird auch synonym verwendet für undurchsichtig, trübe oder matt. Beispiele sind das blinde Glas oder Fenster. Gemeint ist die Opazität, die Trübung, die allgemein das Gegenteil von Transparenz bezeichnet.

Blindbohrung – Probebohrung

Blinddarm – auch Zökum genannt, ist der blind endende Anfangsteil des Dickdarms, der am Ende des Dünndarms sackförmig in die Bauchhöhle ragt. Sein Wurmfortsatz heißt Appendix. Dieser kann sich entzünden und muss dann meistens operiert werden. Im Mittelalter hieß dieses Symptom die Seitenkrankheit und führte oft zum Tod.

Blind Date – als Blind Date bezeichnet man eine Verabredung zwischen zwei Menschen, die sich bisher nicht getroffen haben und nichts oder nur sehr wenig voneinander wissen. Im engeren Sinne bezeichnet ein Blind Date ein

Stelldichein, bei dem keiner ein Foto des anderen vorab gesehen hat.

Blinde Kuh – ist ein altes Gesellschaftsspiel, das heute nur noch von Kindern gespielt wird. Einem Spieler werden mit einem Schal oder einem geeigneten Tuch die Augen verbunden. Die anderen laufen herum und ärgern die blinde Kuh, indem sie diese rufen oder zupfen und leicht kneifen. Wen die blinde Kuh ergreifen kann, der muss sich an ihrer Stelle die Augen verbinden lassen. In einer früheren Variante musste die von der blinden Kuh gefangene Person abgetastet und erkannt werden. Deswegen war das Blinde-Kuh-Spiel im Mittelalter nicht nur ein Kinderspiel, sondern ein weithin beliebter, aber verbotener Zeitvertreib mit teils für das bürgerliche Sittlichkeitsempfinden bedenklichem Charakter. Der Name ‚Blinde Kuh' lässt sich wohl so erklären, dass für dieses Spiel ursprünglich eine Kuhmaske benutzt wurde, an der die Augenöffnungen verschlossen wurden. Solche Masken kamen schon im Mittelalter in geistlichen Schauspielen vor und wurden auch in der Fastnacht getragen. So hieß das Spiel in Schleswig früher blinde Mumme', in Nordfriesland ‚blinne Mome', was nichts anderes heißt als „blinde Maske". (Quelle Wikipedia)

Blindenbinde – gelbe Armbinde mit drei schwarzen Punkten. Eine Kennzeichnung von blinden Menschen, die am Straßenverkehr teilnehmen, ist gesetzlich durch §2

(Eingeschränkte Zulassung) der Fahrerlaubnis-Verordnung geregelt. Blinde Fußgänger müssen ihre Behinderung durch einen weißen Blindenlangstock, die Begleitung durch einen Blindenhund im weißen Führgeschirr oder gelbe Armbinde mit drei schwarzen Punkten für andere Personen kenntlich machen, um vom Vertrauensgrundsatz der StVO ausgenommen zu werden; eine gesetzliche Verpflichtung zur Kennzeichnung gibt es nicht! Andere Verkehrsteilnehmer dürfen diese Kennzeichen im Straßenverkehr nicht benutzen.

Blindenbücherei – die Deutsche Zentralbücherei für Blinde (DZB), Staatsbetrieb des Freistaates Sachsen in Leipzig, bietet ein umfangreiches Programm mit Büchern in Blindenschrift, Hörbücher und viele Hilfsmittel.

Blindflug – nennt man die Situation, wenn ein Pilot sein Flugzeug ohne Sicht und Navigation durch die Luft steuern muss.

Blindenführhund – bildet mit dem Blinden ein Gespann. Die Hunde müssen besondere körperliche und psychische Eigenschaften erfüllen, damit sie als Führhund ausgebildet werden können. Sie sind nach der Ausbildung und einem gemeinsamen Training mit dem blinden Hundehalter in der Lage, gefahrlos durch und über komplizierte Wege und

Straßen zu führen. Bei einem eingespielten Gespann versteht der Hund über hundert Befehle.

Blindgänger – eine Bombe, die nach ihrem Abwurf nicht explodiert ist, aber aufgrund ihres Sprengstoffs und aktiven Zünders noch eine Gefahr darstellt.

Blindenhörbüchereien – bieten ihren Mitgliedern ein umfangreiches Programm mit Hörbüchern im DAISY-Format. (Siehe Kap. III 09)

Blindeninstitut – eine soziale Einrichtung für sehbehinderte und blinde Menschen. 1804 gründete Johann Wilhelm Klein in Wien das erste Blindeninstitut im deutschsprachigen Raum.

Blindenpädagogik und Sehbehindertenpädagogik – ist ein Teilgebiet der Sonderpädagogik und beschäftigt sich mit sonderpädagogischen sowie didaktisch-methodischen Fragestellungen der Erziehung und Bildung von Menschen, die aufgrund einer Sehschädigung sonderpädagogischen Förderbedarf aufweisen.

Blindenschrift – tastbare Schrift (siehe Kap. III 01)

Blindenstammtisch – steht symbolisch für ein regelmäßiges Treffen sehbehinderter und blinder Menschen, die ihre

Erfahrungen untereinander austauschen. Blindenstammtische sind meistens Selbsthilfegruppen.

Blindenstock – Taststock, der von blinden Menschen beim Gehen mindestens schulterbreit vor den Füssen hin und her geschwenkt wird, um Hindernisse zu ertasten. Außerhalb des Hauses werden praktischerweise Langstöcke verwendet, die etwa 140 cm lang sind. Meistens haben diese eine Teleskop- oder Faltfunktion. Um Gewicht einzusparen, werden Aluminium und Kohlefaser verwendet. An der Spitze kann auch ein kleines Laufrad befestigt werden, falls man den Stock nur wie einen Schild diagonal mit Bodenkontakt vor sich herführen möchte.

Blindenstudienanstalt – die Deutsche Blindenstudienanstalt (Kurzform: blista) in Marburg ist eine auf die speziellen Bedürfnisse von blinden und sehbehinderten Menschen ausgerichtete Bildungseinrichtung, die verschiedene Schul- und Berufsabschlüsse anbietet. Zu ihr gehört auch das einzige grundständige Gymnasium für Blinde und Sehbehinderte in Deutschland ab Klasse 5. Die seit 1916 existierende Institution hat sich aus kleinen Anfängen zum Zentrum der höheren Bildung für Blinde und Sehbehinderte in der Bundesrepublik Deutschland und darüber hinaus entwickelt.

Blindenverein – Blinde organisieren sich in eingetragenen Vereinen und übergeordneten Verbänden.

Blindenwerk – das Deutsche Taubblindenwerk setzt sich für die Verwirklichung der Rechte auf Bildung und Teilhabe von hörsehbehinderten und taubblinden Menschen am Leben in der Gemeinschaft ein und hat es sich zur Aufgabe gemacht, hörsehbehinderte und taubblinde Menschen lebenslang zu fördern und zu begleiten.

Blindenzentrum – Unterkünfte mit Tagungsräumen, Übernachtungsmöglichkeiten und Verpflegung. Die Häuser sind barrierefrei ausgestattet. (siehe Kap. II 16)

Blindenuhr – bei taktilen Uhren lässt sich der Glasdeckel aufklappen. Das Zifferblatt und die stabilen Zeiger sind gut tastbar. Sprechende Uhren sagen Zeit und Datum an. Sie haben oft eine Alarmfunktion. Nicht selten dienen sie auch als Stoppuhr.

Blinder Alarm – ist ein Notruf bei der Feuerwehr, Polizei oder anderen Notrufzentralen, bei dem ein Einsatz unnötig ist.

Blinder Fleck – in jedem menschlichen Auge gibt es einen blinden Fleck. Das bedeutet, dass sich in unserem Sichtfeld eine kleine Stelle befindet, an der wir nichts sehen. Die

Ursache liegt darin, dass im Augenhintergrund an einer Stelle der Netzhaut der Sehnerv ins Auge mündet. Dort kann kein Bildanteil entstehen. Bewusst fällt uns dieser Fleck nicht auf. Man findet ihn aber, wenn man z.B. das linke Auge schließt, vor dem sehenden, rechten Auge beide Arme nach vorne ausstreckt, die Daumen hochhält und mittig zusammenführt. Das rechte Auge bleibt auf die linke Daumenspitze fixiert, die kontinuierlich geradeaus zeigt. Dann führt man langsam den rechten Arm im Bogen horizontal nach außen. Plötzlich ist die Daumenspitze der rechten Hand weg. Beim weiteren Bewegen nach rechts außen ist die Spitze plötzlich wieder sichtbar.

Blinder Kuckuck – gehört zu den Insekten und ist die größte Pferdebremse (Tabanus sudeticus) in Mitteleuropa.

Blinder Passagier – ein Passagier, der sich heimlich an Bord eines Schiffes oder Flugzeugs befindet.

Blinder Seher – Teiresias ist in der griechischen Mythologie nach dem Schriftsteller Hesiod ein Priester, der mal als Frau und mal als Mann lebte. Er wurde von Gott Zeus und Göttin Hera gebeten, die Frage zu klären, welches Geschlecht, Mann oder Frau, bei der geschlechtlichen Liebe mehr Lust empfinde. Zeus hatte sich für die Frauen, Hera für die Männer entschieden. Als Teiresias Zeus' Meinung unterstützte und offenbarte, als Frau neunmal so viel Lust wie als Mann empfunden zu haben, ließ die wütende Hera Teiresias erblinden, weil er den Männern das Geheimnis der Frauen preisgegeben hatte. Da Zeus dies nicht rückgängig machen konnte, verlieh er Teiresias zum Ausgleich die Gabe des Sehers und siebenfache Lebensdauer. (Quelle Wikipedia)

Blindes Huhn – Sprichwort: „Auch ein blindes Huhn findet mal ein Korn."
(Ich habe als blinder Hahn sogar schon mal ein' Doppelkorn in hochprozentiger, flüssiger Form gefunden)

Blindfisch – in der Biologie eine Kleinfischart, die keine Sehfähigkeit aufweist. Die Blindfische (Amblyopsidae), auch ‚Nordamerikanische Höhlenfische' genannt, sind eine Familie innerhalb der Ordnung der Barschlachsartigen. Sie leben in Höhlen und sind der Dunkelheit angepasst. (Quelle Wikipedia)

Blindheit – ohne Sehfähigkeit, wäre die richtige Erklärung. Tatsächlich können die meisten Blinden wenigstens noch etwas Licht und Umrisse wahrnehmen. Laut dem Schwerbehindertengesetz wird ein Sehvermögen unter zwei Prozent als blind gewertet. Doch auch extreme Gesichtsfeldeinschränkungen können zur Anerkennung einer Erblindung führen.

Blindschacht – verbindet im Bergwerk zwei oder mehrere Sohlen.

Blindschleiche – (Anguis fragilis) ist eine Echsenart innerhalb der Familie der Schleichen. Mit ihrem beinlosen Körper gleicht sie einer Schlange. Es ist ein Irrtum, dass die Schleiche blind sei. Der deutsche Name wird auf das Althochdeutsche ‚plintslîcho' zurückgeführt, was nach allgemeiner Auffassung so viel wie ‚blendender/blinkender Schleicher' bedeutet. (Quelle Wikipedia)

Blind verstehen – Synonym für sich zutiefst vertraut sein

Blindwütig – völlig der unkontrollierten Wut ausgesetzt

Danksagungen

Ich bedanke mich bei Autorin Karin Klasen und Autor David Röthle für ihre Textbeiträge.
Auch danke ich Inge Gülpen und Heike Glaser für unsere Zusammenarbeit und ihre freundschaftlichen Ratschläge.

Besonders danke ich wiedermal meiner Verlegerin Manuela Klumpjan und ihrem EPV-Team für die herzliche Autorenbetreuung und die engagierte Buchproduktion.

Über den Autor:

Dieter Kleffner wurde 1957 in der Stadt Essen in NRW mit einem Glaukom geboren und bereits im Säuglingsalter an beiden Augen operiert. Als Sehbehinderter absolvierte er in Mainz das Staatsexamen zum Masseur und med. Bademeister.

Nach vierzehn Augenoperationen trat die völlige Erblindung ein. Dieter Kleffner arbeitete über dreißig Jahre in der klinischen Physiotherapie. Er lebt in Hattingen, ist verheiratet und hat zwei erwachsene Kinder.

Autorentätigkeiten:

Mithilfe eines Computerprogramms für Blinde verfasst Dieter Kleffner literarische Texte, die in Anthologien, Buchprojekten, in allgemeinen Zeitungen und Hör-Magazinen veröffentlicht wurden.

Buchtitel im Edition-Paashaas-Verlag bzw. Buchhandel sind:

- Im Testprogramm des Schicksals (Autobiografie)
- Ein Tag für Blinde, Lahme und Verrückte (Gesellschaftsroman)
- Schlaflose Kissen und schlechte Gewissen (3 Kriminalgeschichten)
- Der Stalker von nebenan (Thriller)
- Autorenstolz (Dieses Buch wurde von den Hörern des Künstlerradios-Planet Berlin zum „Thriller des Jahres 2018“ gewählt)

Außerdem hat er jeweils ein Kapitel zu den Gemeinschaftsromanen der EPV-Familie beigetragen:

- Machenschaften – Ruhrpott-Krimi
- Intrigenspiel – Ruhrpottkrimi

Dieter Kleffner ist Mitglied im literarischen Arbeitskreis BLAutor, einem Zusammenschluss sehbehinderter und blinder Poeten und Schriftsteller.
Dieter Kleffner erhielt den Award: Autor des Jahres 2018 - im Künstlerradio-Planet-Berlin

Zusätzliche Informationen zu Büchern und Presseberichten gibt es unter
www.dieterkleffner.de
www.blautor.de

Treffen Sie den Autor auf Facebook:
https://www.facebook.com/dieter.kleffner